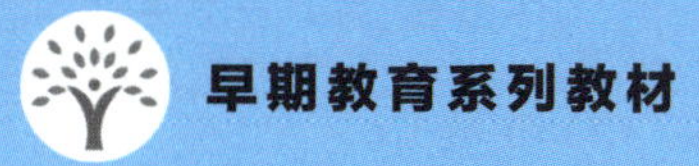

严仲连　总主编

早教机构运营管理

主　编：孟庆玲
副主编：仲伟秀　周慧霞
参　编：谢小琴　董爱霞　杨利霞　李　佳　闵玉立
任　婧　梁　号　张爱华　李　敏　甘　思

图书在版编目（CIP）数据

早教机构运营管理 / 孟庆玲主编 . -- 重庆 : 西南师范大学出版社 , 2021.8
ISBN 978-7-5697-0746-5

Ⅰ . ①早… Ⅱ . ①孟… Ⅲ . ①早期教育 – 教育组织机构 – 经营管理 Ⅳ . ① G61

中国版本图书馆 CIP 数据核字 (2021) 第 141810 号

早教机构运营管理

ZAOJIAO JIGOU YUNYING GUANLI

主编　孟庆玲

总 策 划： 杨景罡　李　玲
执行策划： 钟小族　张燕妮
责任编辑： 唐　倩
责任校对： 雷　兮
书籍设计： 观止堂 _ 未　氓
排　　版： 张　艳
出版发行： 西南大学出版社（原西南师范大学出版社）
地　　址：重庆市北碚区天生路 2 号
邮　　编：400715
市场营销部电话：023-68868624
印　　刷： 重庆长虹印务有限公司
幅面尺寸： 185mm × 260mm
印　　张： 12.25
字　　数： 282 千字
版　　次： 2021 年 8 月 第 1 版
印　　次： 2023 年 8 月 第 4 次印刷
书　　号： ISBN 978-7-5697-0746-5

定　　价： 43.00 元

序

随着经济的发展，人民生活水平的提高，以及脑科学的发展，婴幼儿照护服务与管理受到人们越来越多的关注。越来越多的证据表明，0~3 岁婴幼儿照护服务对儿童的未来发展起到促进作用。随着家长对婴幼儿照护服务价值的认识加深，加之人口发展的需要，我国婴幼儿照护服务未来将迎来规范化、科学化的发展。

在中国文化背景下，婴幼儿的照护任务通常在家庭中由祖辈承担。随着社会发展、家庭结构变化以及家庭生活方式的变化，传统的家庭祖辈照护形式受到挑战。同时，中国经济快速发展带来的各种压力（如年轻父母的工作压力、住房压力等）也影响到家庭在子女照护服务方面的选择。未来的婴幼儿照护服务将要求社区、企业等更多地参与进来。在此背景下，中国的婴幼儿照护服务也面临质量与公平的双重挑战。

质优价廉的婴幼儿照护服务是众多年轻家长的需求。由于婴幼儿照护服务质量以高质量的托育师资为前提，而培养高质量的托育师资需要高质量的教育，高质量的教育通常意味着高成本。也就是说，高质量的婴幼儿照护服务意味着高收费。在没有政府分担的情况下，如果想让子女享受高质量的婴幼儿照护服务，家长不得不独自承担高收费。由此会导致婴幼儿照护服务领域的不公平，即只有高收入家庭子女才有机会享受高质量的婴幼儿照护服务。

婴幼儿照护服务中的公平和质量是一个问题的两个方面，二者有紧密的关系。在不同时期，婴幼儿照护服务有不同的定位。质量和价格看似不可调和，似乎只有高价格才有高质量，但价格过高会导致婴幼儿照护服务领域的不公平。针对婴幼儿照护的公平问题，中国学者提出了普惠的婴幼儿照护服务方案以及国家、家庭实行成本分担的思路。

婴幼儿照护服务质量最终必然与婴幼儿托育师资相联系。目前，我国婴幼儿照护服务的行业标准还处于摸索阶段，适合中国国情的婴幼儿照护服务模式也还处在探索过程中。当前，以家庭为中心的传统婴幼儿照护仍为主流，同时商业（机构）婴幼儿照护、社区福利取向的婴幼儿照护开始发展起来，三者共同形成了中国婴幼儿照护服务的复杂局面。这在一定程度上加大了婴幼儿照护服务师资培养的难度。同时，婴幼儿照护服务本身也尤其复杂，其涉及护理学、心理学、教育学、家政学、社会学等诸多学科领域。这也进一步增加了婴幼儿照护服务师资培养的复杂性。在此背景下，受西南师范大学出版社的邀请与委托，众多高校（包括高职高专院校）的研究者开启了婴幼儿照护服务师资培养的探索。本套丛书呈现出以下特点：

第一，理论基础新颖。编写人员全方位地关注近年来我国婴幼儿照护服务的理论前沿和现实经验，引用了婴幼儿照护服务领域前沿的理论研究成果，如婴幼儿游戏的双主体观，强调婴幼儿照护服务中的家长参与等，使本丛书的理论基础具备了前沿性。

第二，内容和理念新颖。结合我国早期教育的火热程度和现实中的焦点——师资问题，根据婴幼儿身心发展特点和照护服务的特殊性，丛书编写者把社会的伦理要求作为照护服务师资培养的核心，以体现社会对这一问题的重视。同时，也兼顾了未来从业者可能遇到的管理与经营问题。

在编写过程中，编写者尽可能吸纳与婴幼儿照护服务相关的营养学、管理学、心理学、护理学、语言学等领域的知识，并把儿童护理和儿童膳食营养、亲子游戏放到非常重要的地位，使教材做到内容和理念新颖。

第三，教法新颖。编写人员吸纳了教育领域关于教师专业发展的最新知识，尊重高职高专学生的学习特点，坚持“学生的兴趣”原则，并把这些理念融入丛书的编写过程之中，使这套教材教法新颖。

本套丛书定位于高职高专院校教材，以通俗易懂为目的。为达到这一目的，丛书编写人员到高职高专院校进行考察，并与高职高专师生座谈，以了解高职高专学生学习现状。为了适应高职高专学生水平，本丛书还邀请了众多高职高专的教师参与编写工作。编写人员在编写过程中尽可能做到语言通俗易懂。同时，这套丛书的观点与理念也适合本科院校学生学习，对本科院校的学生学习有一定的借鉴作用。

严仲连

2021 年 5 月

前言

自2019年国务院办公厅颁发了《关于促进3岁以下婴幼儿照护服务发展的指导意见》以来，我国以发展公益性婴幼儿早期教育服务为目标，落实政府在早期教育中的规划、投入和监管等责任方面做了很多尝试，重点在婴幼儿早期教育管理体制、管理制度、服务模式和内涵发展等方面进行研究探索。早教机构的管理随着我国“托育时代”的到来也随之备受关注，这一现实需求促使了与早教机构管理相关研究的增加，如早教机构竞争力构建、管理提升、课程体系完善和地区早教市场调查等主题的文献开始从无到有并逐渐增多，占据着早教研究中越来越高的比例。从相关文献中不难看出，早教市场的激烈竞争与政府监管的逐步到位使得管理能力缺失的早教机构越来越难以生存，也预示了早教机构管理问题的研究价值正在上升。基于该背景我们编写了《早教机构运营管理》这本教材，目的是为早教的未来从业者、管理者提供早教机构运营管理的相关知识储备和技能训练，从管理学视角出发提高早教机构的服务质量，从而实现对0~3岁婴幼儿这一最柔弱的社会群体的最全面的保护和教养。

本教材为早教机构从业者和管理者从宏观视角认知早教机构的运营管理提供了专业素材，具有重要的理论价值和实践价值。教材内容主要包括0~3岁婴幼儿早教机构运营管理概述、机构的创办、人事管理、课程管理、安全管理、班级管理、经费与物资管理及连锁机构运营管理共八章内容。教材中每一章节都运用案例进行导入，营造了带着问题走入学习的情境；行文中收集了众多关于早教机构管理的专业资源，并通过“搜索引擎”“拓展链接”等方式交替呈现，能在一定程度上拓展学习者的视野；教材的每一章都设置了实践环节，便于学习者将理论与实践结合实现更有效的学习。本教材在内容专业的基础上还具有案例丰富、视野多元、实践性强等特点，适合早期教育专业专科生、本科生以及早期教育从业者、管理者学习和使用。

在编写过程中教材编写组秉着“总—分—总”的范式进行设计，突出表现在章节前面的引论、重难点及思维导图的设计与章节后面的“本章回顾”和“思考与练习”的设计相互呼应，并和正文一起构成了一个完整的有机体。建议早期教育专业学生从二年级下学期开始学习该门课程，作为专业限选课，每周2课时，12周，共24课时。教师教学过程中，要注意教材中提及的0~3岁早期教育文件的使用，从而丰富课堂形式和拓展学生的学习视野，为在实践中践行0~3岁早教机构运营管理做奠基。

本教材的具体编写任务分工如下：东北师范大学博士生、呼伦贝尔学院副教授孟庆玲负责“第一章早教机构运营管理概述”的编写，包头师范学院教授、东北师范大学博士生周慧霞与东北师范大学学前教育学硕士生任婧负责“第二章早教机构的创办”的编写，内蒙古鸿德文理学院副教授李佳与东北师范大学教育学原理（农村教育）专业硕士生梁号负责“第三章早教机构的人事管理”的编写，呼伦贝尔学院讲师董爱霞与东北师范大学学前教育专业硕士生张爱华负责“第四章早教机构的课程管理”的编写，包头师范学院讲师杨利霞与东北师范大学学前教育专业硕士生李敏负责“第五章早教机构的安全管理”的编写，昭通学院讲师闵玉立与东北师范大学学前教育专业硕士生甘思负责“第六章早教机构的班级管理”的编写，呼伦贝尔学院教授仲伟秀与孟庆玲负责“第七章早教机构的经费与物资管理”的编写，昭通学院副教授谢小琴与孟庆玲负责“第八章连锁早教机构的运营管理”的编写。其中孟庆玲负责教材提纲编制、统稿、校稿工作，仲伟秀、周慧霞负责章节目标审核和内容审核工作，来自各高校的学前教育专业、早期教育专业的专业课教师谢小琴、董爱霞、杨利霞、李佳、闵玉立参与了所负责章节的目标研讨、资料筛选、文字修订工作，东北师范大学 2020 级学前教育专业硕士生任婧、张爱华、李敏、甘思以及 2020 级教育学原理（农村教育）专业硕士生梁号参与了所负责章节的资料收集、内容编写和文字校对工作。教材能如期出版渗透了每一位参与者的心血，借此机会一并表示感谢。

《早教机构运营管理》教材编写组

2021 年 5 月

目录

第一章 早教机构运营管理概述

2019 年被誉为是中国的“托育元年”，在这之前，“早教机构”这一专有名词已经悄然地走进了人们的视野。人们对早教机构的高期待，对早教机构的管理提出了更高的要求。然而当下对于如何管理一家早教机构这一问题还是一个盲点，特别是对于早教机构的创立者、管理者和从业者而言，如何进行早教机构运营管理还是其痛点之一。本章将就如何定位教育管理、如何认知早教机构的功能和价值，以及在早教运营管理过程中应遵循什么样的原则等问题进行深入探讨。

教学目标

1. 了解教育管理的基本理论及早教机构的功能、价值
2. 理解早教机构运营管理原则的内涵及实施的要求
3. 能运用运营管理原则解决早教机构中的管理问题

教学重难点

学习重点：教育管理的理念、早教机构的功能与价值、早教机构运营管理的原则

学习难点：运用运营管理的原则解决早教机构中的管理问题

思维导图

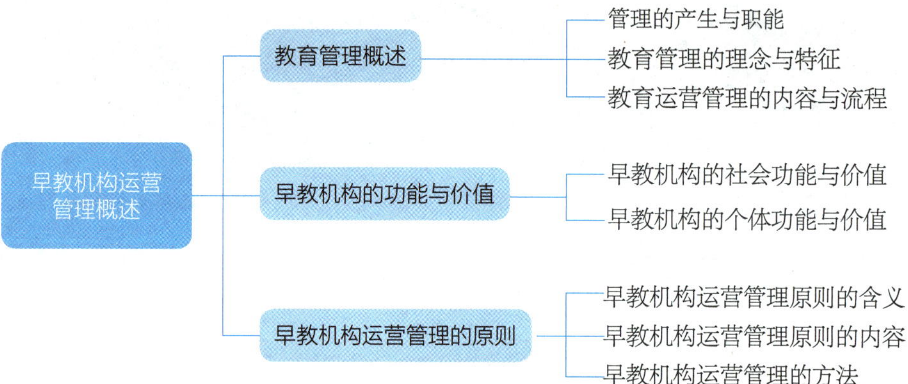

第一节

教育管理概述

一位棋手说，管理就如同下棋，管理者就如同棋手。下棋的规则是比较简单的，学起来也不难，但是每个下棋的人面对着有限的几个棋子，要想取得胜利并不是件容易的事，因为下棋需要智慧、经验和勇气，管理也是。教育管理这门学问就是启迪思考、开阔眼界、增长智慧的学问。

思考：你认可这种观点吗？你是如何理解教育管理的呢？

一、管理的产生与职能

（一）管理的产生

管理是一种社会现象，是人类得以生存和发展的重要条件。管理是一种古老的社会现象，当人类的祖先在共同劳动和集体生活的时候，他们为了实现某种目标，依靠个人的力量又无法实现如捕捉大的野兽、营造房舍，于是他们就从人群中推选出一个领袖人物负责组织指挥和协调工作，以便大家统一行动，这就是管理活动的开端。在漫长的人类历史上人们创造了许许多多伟大成就，这些成就是人类智慧的结晶，也是管理的硕果。

拓展链接

表1-1　管理的三个层次

序号	层次	管理每个层次的具体内容
1	是非化	（1）什么是对的 （2）什么是不对的（负面清单） （3）怎样做才对 （4）怎样做不对
2	标准化	把时间列为标准（即单位时间内效率高为标准）
3	制度化	如果这个标准只有少数灵敏的人知道，那等于没有标准。因此，标准要列为制度，使得每个人都知道，从而提高管理的水平

“管理”二字的源头解读

（二）管理的职能

作为社会现象的管理，它具有两个重要的职能：一个是组织和开发生产力的职能，另一个是协调和控制生产关系和社会关系的职能。在组织和开发生产力方面，管理可以把处于分散状态的生产要素进行合理组织，对生产运行过程进行有效控制，这样就可以达到扩大再生产的目的。马克思认为，无论生产的社会形式如何，劳动者和生产资料始终是生产的因素，但是，二者在彼此分离的情况下只在可能性上是生产因素，要进行生产，就必须使它们结合起来。在协调和控制生产关系和社会关系方面，马克思把这种管理职能叫作监督劳动和指挥劳动。根据马克思关于管理两种职能的论述，也可以说管理具有两重属性——管理的自然属性和管理的社会属性。管理的自然属性是同社会生产力联系在一起的属性，它具有组织劳动者共同劳动、协调生产过程的作用，是超越一切生产关系而存在的。而管理的社会属性是同一定的社会生产关系联系在一起，是由生产资料所有制的性质来决定的，在有阶级的社会里，管理的社会属性的核心是为一定阶级利益服务的。它是有阶级性的。随着生产力的发展和社会组织程度的提高，人们对管理重要性的认识也越来越高。管理是现代文明的三大支柱之一，一个管理要质量、向管理要效益的时代已经到来。

6S 管理

二、教育管理的理念与特征

（一）教育管理的理念

教育管理作为一种教育现象由来已久，但是人们对它作为科学对象来研究，形成自己的学术观点，并去指导教育管理实践则是从 20 世纪中叶开始。[①] 现在教育管理学界对教育管理概念的界定是多种多样的。美国学者奥洛斯基在其所著的《今日教育管理》一书中认为：管理是将理性认识付诸有组织的活动。在现代工业社会中各组织及其管理都具有很强的相互渗透性，所以管理是一个普遍性的活动，它的某种方面虽然又各不相同，如商业、工业、医学、教育以及其他职业，但管理思想和方法有共同的地方。

教育管理是教育和管理两者的有机融合，管理是人类社会特有的一种现象，它存在于社会生活的各个领域。管理科学就是研究管理者如何运用一定的理论和方法，在特定的环境下，引导被管理者去行动，使有限的资源得到合理的配置，以实现预定目标的活动。这种活动适合于社会生活的一切领域，其中也包括教育领域，但是教育管理又有自己的特点，它不同于其他行业和部门的管理。教育管理学就是把教育和管理结合起来，研究如何按照教育的客观规律来管理，教育管理对影响教育质量和效率的各个要素进行规划、组织、指导、协调和控制。如果我们在教育管理的时候只强调按照教育规律办教育，忽视管理的共同规律，就可能陷入为教育而教育的误区，反之，只讲管理学的理论，忽略教育规律和特点，把企业管理、政府的行政管理、部队管理和教育管理混淆在一起就可能破坏了教育质量和秩序。

日本学者安藤尧雄在其著作《学校管理》中指出，教育管理不仅是对学

①［美］罗尔德·F.坎贝尔，等.现代美国教育管理[M].袁锐锷，译.广州：广东高等教育出版社，1989.

校物资设备的管理，更重要的是对教育计划、教育活动的管理。我国学者张复荃先生在《现代教育管理学》一书中提出，教育管理是社会管理的特定领域，实现教育管理的职能需要考虑到社会管理各领域中那些最一般共同的职能。教育管理又是以培养某种规格的人为自己的目标和归宿。管理的客体不同，任务和手段不同，教育科学所规定的过程和规律的性质也不同，从而又与社会管理的其他领域的管理有所区别。

（二）教育管理的特征

教育管理是社会管理的一种形式，但与社会管理又有区别，它具有自己的特征，即管理育人、提高教育质量、调动教师的积极性和创造性、解决教育教学中的矛盾和问题。[①] 教育管理的特点及解读详见下表：

表1-2 教育管理的特点及解读

序号	特点	解读
1	管理育人	该特点是教育管理与其他社会组织管理的主要区别之一 管理育人可以通过以下策略来完成。第一，服务意识，通过建构良好的育人环境来为教师和学生服务；第二，教育意义，学校一切规章制度、工作条例、各种活动都要具有教育意义，有利于学生的身心健康；第三，以身作则，每个教育管理者，他们不仅是管理人员，同时还是教育者。在完成具体管理工作的过程中，要时时处处以自己的思想品德和规范行为去教育和影响他人，做到以身作则
2	提高教育质量	该特点是教育管理的中心任务 教育质量是教育组织的生命线，也是其存在的价值体现。教育质量由两部分组成：一是以毕业生的质量为标准的“产品”质量，另一个是以教育教学过程的质量为依据的工作过程质量。前者是结果，后者是条件
3	调动教师的积极性和创造性	该特点是办好教育的关键 办好教育必须依靠教师，因此教育管理者的主要任务就是全心全意地依靠教职工，把他们的智力和体力的潜能充分调动出来，为他们的智慧和才能的发挥创造条件，消除影响教职工积极性、创造性的各种障碍和矛盾

① 陈孝彬，高洪源，等.教育管理学(第三版)［M］.北京：北京师范大学出版社，2008.

续表

序号	特点	解读
4	解决教育教学中的矛盾和问题	该特点是教育管理的主要目的 我国的教育管理强调社会主义政治方向，将为社会主义现代化建设服务放在首位，强调学校工作以教学为主，全面提高学生的素质。但实际生活中会遇到各种各样的矛盾和问题，如掌握书本知识和培养生活、工作能力之间的矛盾，教师主导学生主体之间的矛盾，教师面向全体学生与学生之间的差异的矛盾，等等，这些问题的解决过程也是提升教育管理水平的过程

此外，教育管理还具有文化性。世界各国的教育管理理论和方法有其共同的地方，都是人类共同的财富。世界各国的教育管理也存在许多差异，这些差异除了经济和物质条件的差异外，主要表现在文化的差异上，也就是观念形成和文化传统的差异。对于我国的教育管理来说，中华民族的文化传统是我国教育管理的基石，是我们处理教育工作各方面关系的起点。

拓展链接

表1-3 东西方文化下的管理差异①

序号	类型	西方文化下的管理	中国传统文化下的管理
1	管理目的	一切为了经济利益	把政治利益放在首位
2	管理方式	采用自由竞争的方式，追求卓越	采用民主协商的方式，追求和谐
3	管理动力	强调个人主义是内源性动力	强调集体主义精神的威力
4	管理方法	提倡采用科学的、实证的管理方法	采取伦理的、说服的、示范的管理方法
5	管理侧重点	重视理性因素在管理上的作用	重视情感因素在管理上的作用
6	管理过程	管理过程追求标准化、规范化	管理过程中策略的发挥

（三）教育管理的现代化

教育管理现代化是现代社会的产物，它又是在继承和弘扬我国传统管理经验基础上的创新。现代教育管理本身也处于不断发展的过程中，如果我们用早期的教育管理和 20 世纪 80 年代以来的现代化教育管理比较，可以得出现代教育管理的五个相对的特点②。（见下表）

① 陈孝彬，高洪源，等.教育管理学(第三版)［M］.北京：北京师范大学出版社，2008.
② 陈孝彬，高洪源，等.教育管理学(第三版)［M］.北京：北京师范大学出版社，2008.

表1-4 现代教育管理与早期教育管理的比较

序号	特点	解读
1	重视学校功能管理转向关注学校的效能管理	早期管理属于功能管理，是指学校应该做什么（育人、文化、经济、社会服务），评价管理的优劣主要看是否完成了学校的主要功能 管理转向效能管理。美国管理学家彼得·德鲁克提出“有效管理”理论之后，管理学界掀起了“有效热”，这说明管理的作用不仅仅是应该做些什么，而是要怎样才能做得更好，更有成效
2	重视各个职能部门的优化管理转到关注整体优化管理	早期管理以分工制为基础的各个职能部门的管理，只要每个职能部门的工作做好了，全校的工作自然就好了 现代管理以整体目标为依据，学校各个方面的工作都要从整体的利益和需求出发，当局部利益和整体利益发生冲突时要顾全大局。领导者在决策论证时，对重点单位或者关键部门施行优惠政策，使其能拉动整体
3	由重视教育管理过程的监督和检查为主转到以激励教职工的工作热情，责任感和成就欲为主的管理	早期教育管理将教职员视为工具人、经纪人，在管理者和被管理者之间，前者是主体，后者是被动的。因此管理中十分重视指挥、监督、检查、控制的作用 现代教育管理把教职员视为学校的主人，充分发挥他们的主体意识和责任感。因此管理的重点是激发教职工强烈的工作动机、主动精神和创造才能。管理者用心理引导的方式，让教职员自我追求工作完善，由外部激励深化为内部的自我激励，这种变化实质上反映了管理主体观的变化
4	以强调教育管理制度的规范化、标准化和制度化为主的管理转变到以权变思想为指导的更加灵活多变的管理	早期教育管理往往是线性的思维方式，所以他们非常相信管理的规范化、标准化和制度化，必然会得到预期的效果，其实这种管理思维方式，只适合于内外部变化很少的常规管理，而不适合于非常规的例外管理 现代教育管理认为教育存在于复杂多变的环境中，变化着的不稳定因素往往会打破已经形成的秩序平衡和稳定状态，教育管理者要善于识别环境和条件的变化，随即质疑地选择工作方式和方法，在平时工作中要多想几种可能性，不要被标准化、规范化所束缚

管理的艺术

续表

序号	特点	解读
5	在管理方法上由重视行政管理方法为主，转到行政方法和科学手段相结合	早期教育管理除了经验的方法之外，主要采用行政管理的方式，把上级的指令、政府的文件、会议决议作为管理行为的重要依据，他们重视组织内部的职位地位，权利和责任的大小以及组织之间的利益关系 现代教育管理认为，以法制管理和行政手段的管理是必要的，也要坚持，要把行政方式和手段与科学理论和方法结合起来，要把教育现象管理行为视为科学研究的对象，采用定性和定量的方法对教育现象和管理行为进行预测评价。测量诊断为教育管理的决策论证和可行性分析提供科学依据

（四）教育管理的内容与流程

1. 教育管理的内容

管理对象一般描述为：人、事、物。其中人是指对员工行动品质的管理；事是指对员工工作方法——作业流程的管理；物是指对所有物品的规范管理。教育管理的管理内容，还可以从主体上分为两大类：一类是有形的人、财、物的管理，另一类是无形的人际关系、信息、目标的管理。具体指人事管理、经费管理、后勤管理、教学管理、质量管理、班级管理等。

2. 教育管理的流程

对于单个事件而言，任何一位教育管理者在解决和处理一个问题时都要经过三个阶段，也称之为管理的三步流程，即识别信息（是什么）——价值判断（分析利弊）——行为选择（怎么做）。[①]（见下表）

表1-5 管理者在解决教育管理问题时的基本流程

序号	阶段	解读
1	识别信息（是什么）	识别信息阶段就是了解行动本身的意义、性质、特点、要求是什么
2	价值判断（分析利弊）	价值判断阶段是中心阶段，就是用价值观来分析，这种行动是对的还是错的，是值得的还是不值得的，应该做的还是不应该做的，其中包括目标选择是否恰当、行为结果的利弊得失以及过程中的风险大小，这是管理决策的基础，也是管理水平高低的标志

① 陈孝彬，高洪源，等.教育管理学(第三版)［M］.北京：北京师范大学出版社，2008.

续表

序号	阶段	解读
3	行为选择（怎么做）	行为选择阶段就是决定是否行动以及干还是不干，如果干从什么时候开始行动。怎么行动在教育管理实践中，每一个管理者都有自己的价值观念体系，作为管理行为的准则，教育管理学就是要告诉学习者应该树立什么样的教育价值观反对什么样的教育价值观

对于整个管理工作而言，管理的环节又可分为四个阶段，即计划、执行、检查、总结，需要指出的是这并不是封闭的而是下一轮管理的开始。在管理的过程中，管理者应该认识到：凡是现实存在的并不一定就是合理的、科学的，当然现在是合理的将来也并不一定是合理的。

拓展链接

现代管理工具代明环。代明（W.E.Deming）是美国管理学家、统计学家。代明首创全面质量管理的思想方法和工作步骤，提出了管理过程理论。代明认为，一切有过程的活动如生产活动、科学研究都是由四个环节构成的，这四个基本环节或阶段构成了管理活动的周期。第一阶段——计划：计划是管理活动的起始环节。计划阶段的管理活动包括制订方针目标，规定工作任务、活动项目和设计方法步骤，制订行动方案。第二阶段——执行：按计划的要求实施作业，将计划付诸行动，去做，去执行。第三阶段——检查：检查工作是否按计划执行，执行的效果如何，有无偏差，找出原因。第四阶段——总结：回顾计划实施的全过程，总结和调整改进，将效果好的做法和措施标准化、规范化，为下一阶段管理工作奠定基础。代明环作为现代管理的工具，反映了管理的规律和特点，因而被广泛接受并运用于管理实践中，代明环的管理过程的最大特点在于对管理提供了思想方法和工作程序。①

3. 运营管理

运营管理的含义。运营管理指对运营过程的计划、组织、实施和控制，是与产品生产和服务创造密切相关的各项管理工作的总称。运营管理是现代企业管理科学中最活跃的一个分支，也是新思想、新理论大量涌现的一个分支。运营管理指对运营过程的计划、组织、实施和控制的各项管理工作的总称。

运营管理的价值。运营管理是企业三大主要职能（财务、运营、营销）之一，企业通过运营管理把投入转换成产出。因此运营管理在企业竞争过程

① 蔡华，周先莉．幼儿园管理[M]．长春：东北师范大学出版社，2009.

中，有着举足轻重且不可替代的地位。出色的运营管理是企业生存以至取胜的关键要素之一。随着经济全球化的深化，市场需求的变化以及科学技术的发展，运营管理除了要考虑基于价格、质量、时间的竞争之外，还要考虑基于服务、柔性和环保的竞争。尤其是在以人为本、全面发展、协调发展、可持续发展等问题日益受到关注的今天，这些因素将显得更加重要。而这种竞争战略的调整，将会体现在运营管理的战略理念以及方法的各层面上。

运营管理的对象是运营过程和运营系统。运营过程是一个投入、转换、产出的过程，是一个劳动过程或价值增值的过程，它是运营的第一大对象，运营必须考虑如何对这样的生产运营活动进行计划、组织和控制。运营系统是指上述变换过程得以实现的手段。它的构成与变换过程中的物质转换过程和管理过程相对应，包括一个物质系统和一个管理系统。企业运营管理要控制的主要目标是质量、成本、时间和柔性，这是企业竞争力的根本源泉。运营管理的目的是很好地完成生产计划所规定的各项任务，并不断地降低物耗缩短生产周期，提高企业的经济效益，此外，还应该不断地提高运营系统的柔性，这样才能适应多变的市场，在竞争中获胜。因此，运营管理在企业经营中具有重要的作用，运营管理同样适用于教育管理。

早教机构的运营管理，指的是运营管理在早教机构中的运用过程。早教机构在这里是一个大概念，其主体是当下国家文件中提到的比较规范的托育机构，除此之外还包括类似以亲子园、早教中心、托育园、某幼儿园托班等冠名的早期教育运营机构，需要指出的是早教机构的服务对象仅限在 0~3 岁的婴幼儿及其家长。

拓展链接

当下早教机构的企业化挂名。2016 年 11 月，《中华人民共和国民办教育促进法》修正（以下简称《民促法》），开启了对民办学校实行非营利和营利性分类管理的发展新思路。《民促法》规定义务教育阶段不得设立营利性民办教育机构，即非义务教育阶段可以（包括幼儿园、高中、大学等）。早教机构目前界定为幼儿园之前的 0~3 岁婴幼儿教育是属于非义务教育阶段，按照规定可设立营利性民办早教机构。在该类机构的命名中要求以“有限公司”作为定位，即将出现“公司型早教机构”。因此，民营早教机构的企业化运营管理将被提上日程，有的民营早教机构投资者提出“要用企业家的战略办教育”，这种企业家思想倡导的就是对早教机构运营管理的企业化，即运用企业营销管理以及财务管理模式进行早教机构的运营管理。

我国有的地区在实施托育机构申办的过程中就明确规定了挂名要求。如广西壮族自治区卫生健康委等 10 部门联合发布的《广西托育机构设置与管理实施办法（试行）》中的第十九条对注册的托育机构命名做了规定，该地区托育机构命名规则值得借鉴，具体详情如下指出：“托育机构名称应当符合相关命名规范，不得冠以‘中国’‘中华’‘全国’‘国际’‘世界’‘全球’‘示范’等字样。经有关部门登记、注册的机构名称受法律保护。申请登记事业单位性质托育机构的，机构名称为‘行政区划＋字号＋托育园’，宗旨和业务范围中应明确托育服务内容。申请注册非营利性社会服务性质托育机构的，机构名称为‘行政区划＋字号＋托育园’，业务范围为‘托育服务’。申请注册营利性托育机构的，机构名称为‘行政区划＋字号＋托育＋组织形式’，经营范围为‘托育服务’”。该内容的直观性描述详见下图。

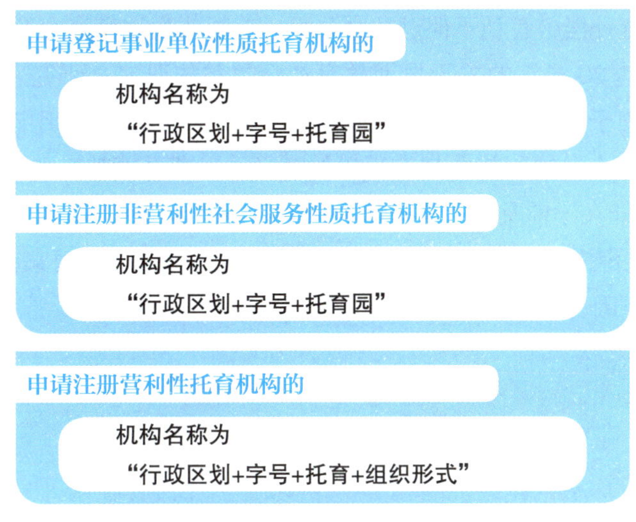

图1-1 广西壮族自治区托育机构命名规范

第二节

早教机构的功能与价值

“3岁前小孩谁来带更好”，这一问题是困扰过绝大多数中国家长的问题。老人带，保姆带，全职爸/妈带，还是送托育机构？对此，2岁男孩伊然的妈妈认为，祖辈带孩子的最大好处是家长放心，但其实老人也不想整天带孩子没有自己的生活，并且多数老人带孩子对孩子的限制比较多，不能给孩子应该有的自由；交给保姆带，选择有素质、有爱心、有耐心的适合的保姆确实是个大难题；爸/妈自己带，通常也会遇到如家庭中的经济压力和带孩子一方的状态不佳等问题；相比之下，把孩子送到优质的托育机构反倒是较为靠谱的。

思考：你同意伊然妈妈的看法吗？早教机构有哪些功能和价值？

一、早教机构的社会功能与价值

功能是对事物自身而言的，是一种潜在的作用；价值是客体对主体的有用性。价值是主观的、相对的，是人所赋予的，是人的需要的满足，而需要时因人而异的，不同的人因不同的需要而做出不同的评价。从社会视角而言，早教机构是应市场需求而产生的，它为广大的0~3岁婴幼儿及其家长提供照护服务或托育服务。北京师范大学洪秀敏认为，照护是指家长在场的照护，托育是指家长不在场的服务。目前两者的关系是前者包含后者，很多时候统一用照护来涵盖。

国家对早教机构的投入相较之下回报率是很高的。对早期处境不利的儿童进行的教育补偿，有利于促进社会公平。美国儿童教育家大卫·维卡特等进行了一项长达20多年的关于早期教育社会效益的研究。研究表明，良好的早期教育有利于处于贫困愚昧的恶性循环中的儿童从该处境中走出，对他们成年以后的个人发展和就业都有积极的意义。早期补偿教育的投入和产出比是1∶7.61，即在学前其投入1美元，可对儿童以后的发展产生7美元多的效益。[①] 早期教育投入能带给社会约7倍的回报，这也是每个国家进行早期教育投入的重要原因。具体内容如下图：

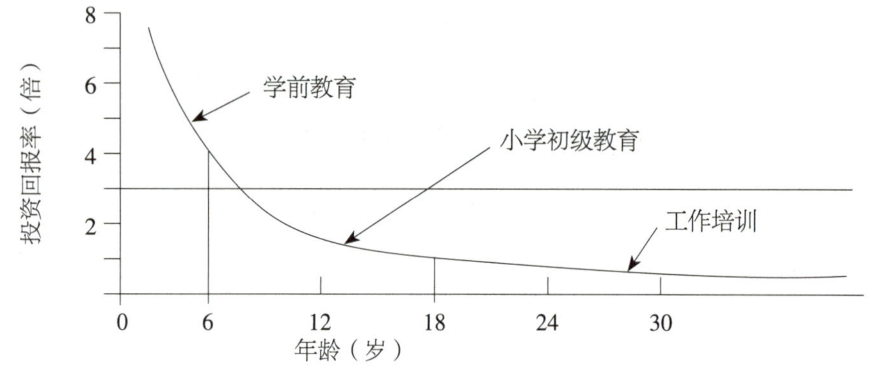

图1-2 各年龄段发展的投资回报率

随着早教价值日益被揭示，很多国家都已经意识了早教对社会发展的重要价值，我国从2019年开始大力推进0~3岁托育服务。2019年5月9日国务院办公厅印发了《关于促进3岁以下婴幼儿照护服务发展的指导意见》，国家卫健委发布的《托育机构设置标准（试行）》和《托育机构管理规范（试行）》自2019年10月8日起施行。很多人看到了这个“商机”而纷纷进入。于是打着各种外国名头的、各种教育理念的托育机构纷纷登场，让家长们目不暇接，眼花缭乱。国家推进0~3岁托育的目的更多是提供“婴幼儿照护服务”，是为了给计划生二孩、三孩的人们解决因为人口老龄化没人带孩子的后顾之忧。但从教育的角度讲，0~3岁是孩子人生的关键阶段，越来越多的

① 万人迪，谢庆.0~3岁婴幼儿早期教育事业发展与管理[M].上海：复旦大学出版社，2011.

家长愿意选择可信赖的托育机构，让孩子不仅得到优质的看护，而且可以接受良好的教育。选择“儿童本位”的早教机构，才是对孩子有智慧的爱。

早教机构要做“儿童本位”的教育。所谓“儿童本位”教育是以儿童为中心的教育，儿童教育的现代观念源于对儿童的发现，现代儿童教育是以儿童为本位的。教育以儿童为本位，并不是降低教师的作用，而是对教师提出了更高的要求。中国亟需建设儿童本位的教育学立场和理论，以实现儿童教育从传统到现代的转型。儿童教育应当以儿童为本，这是落实“以人为本”国策的重要举措之一。儿童本位不只是教育原则，而是以人为本的社会所遵循的政治原则，是未来理想社会的文化特征。在儿童本位的社会、学校，教育成为新社会·新文化·新风气的创造者，引领者。[①] 在早教机构做“儿童本位”的教育至少有三种价值：首先，做“儿童本位”的教育，教师幸福。如果做教师本位的教育就会出现教师对儿童的控制、训练，而儿童需要自由，自由和控制之间就会出现冲突，久而久之教师就有挫败感，甚至导致虐童事件的发生。其次，做“儿童本位”的教育，儿童幸福。儿童从小被尊重，愿望得以实现，才会感受到幸福，也为今后一生的幸福打下基础。最后，做“儿童本位”的教育，社会和谐。儿童从小获得别人的尊重，长大了才会尊重别人，尊重社会，才会考虑受众的感受，不会以自我为中心，不会自己想怎么做就怎么做，这样就不会导致社会矛盾，引发人们的痛苦经历，最终实现社会的和谐。因此，为了成人的幸福和儿童的幸福，要坚定不移地做儿童本位的教育。

早教机构市场不为人知的秘密

二、早教机构的个体功能与价值

（一）3 岁前是儿童发展的关键期

关键期指对特定技能或行为模式的发展最敏感的时期或者做准备的时期。个体发育过程中的某些行为在适当环境刺激下才会出现的时期。如果在这个时期缺少适当的环境刺激，这种行为便不会再产生。关键期最初是由奥地利生态学家康罗德·洛伦兹 (1937 年) 提出来的。他在对鸟类自然习性的观察中，发现刚孵出的幼鸟，如小鸡、小鹅等，会在出生后很短的一段时间内学会追逐同类或非同类，过了这段时间便再也不能学会此类行为或印刻自己的母亲，而这段时间是很短的，故称为关键期，又称最佳期、敏感期、临界期、转折期。后来，心理学家将这类研究方法借用到儿童早期发展的研究中，提出了与儿童心理发展的关键期问题。蒙台梭利提出了儿童发展关键期相一致的“敏感期”，她认为：儿童在其敏感期里，就能学会自我调节和掌握某种东西。这种敏感性就像电池一样能够提供能量，使儿童以一种独特的强烈程度对待外界事物。儿童在这个敏感时期，对一切都充满了激情和活力，容易学会每

① 刘晓东 . 儿童本位：从现代教育的原则到理想社会的生成[J]. 全球教育展望，2014（5）：64–77.

一件事情。而且，儿童的每一次进步都能增强他的能力。只有当这个目标达到时，孩子才会感到疲劳和乏味。[①] 可见，在“敏感期”内对儿童进行顺势而为的教育会起到事半功倍的效果，相反则很可能错过学习某一关键技能的最佳时机，甚至造成终身无法弥补的遗憾。3 岁前是儿童发展的关键期，同时 3 岁前儿童本身又存在年段敏感期。埃里克森在其人生发展的八个阶段论中指出，3 岁前儿童占据这八个阶段的前两个阶段，分别是信任与不信任之间的冲突阶段（0~1.5 岁）和自主与内疚和怀疑之间的冲突阶段（1.5~3 岁）。因此，在 3 岁前儿童信任和自主的敏感期、关键期内，对其进行信任与自主的教育将起到事半功倍的效果，为儿童的一生奠基基础。

拓展链接

儿童潜能存在递减规律。《卡尔·威特的教育》是早期教育的典范，老卡尔威特在他的这本书中指出：教育必须从出生那天起就开始进行，因为儿童的潜在能力是有着递减法则的，即刚生下来具有 100 度潜在能力的儿童，如果放弃教育，到 5 岁时就会减少到 80 度，到 10 岁时就会减少到 60 度，到 15 岁时就会只剩下 40 度了。所以教育孩子的第一要旨就要是杜绝这种递减。而且由于这种递减是因为未能给孩子发展其潜在能力的机会致使枯死所造成的，因此，教育孩子的最重要之点就在于要不失时机地给孩子以发展其能力的机会，也就是说要让孩子尽早发挥其能力。怎样才能杜绝孩子潜在能力的递减呢？当然是尽早教育。但是这个尽早又早到什么时候呢？我的经验是，教育必须从出生那天起就开始进行。[②]

中国古代有“三岁看大，七岁看老”的说法，现代教育理论认为，儿童 3 岁和 7 岁的时候是成长发育的两个重要关节点，这两个关节点是一个累积的过程，不是一蹴而就的。我国幼儿教育之父陈鹤琴先生就指出：“幼稚期（自出生至七岁）是人生最重要的一个时期，什么习惯、言语、技能、思想、态度、情绪都要在此时打一个基础。若基础打得不牢固，那健全的人格就不容易建造了。幼稚教育从三岁开始已经太晚。不重视幼稚教育是国家最大的损失。”意大利著名教育家蒙台梭利也说过：“人出生后前三年的发展在其程度和重要性上超过了人整个一生的发展，我们可以把儿童早期教育看成是人的一生。”儿童心理学研究表明，从儿童正常的大脑发育来看，3 岁前儿童大脑发育是处于一个极大的高峰期。“在一个婴儿出生时，他的大脑重量约 370 克，在此后第一年内，他的大脑重量增长速度最快，6 个月时大脑重量为

---

① [意]蒙台梭利.蒙台梭利的早教全书(珍藏版)[M].周舒予，编译.北京：北京理工大学出版，2015.

② [德]卡尔·威特.卡尔·威特的教育[M].刘恒新，译.北京：京华出版社，2002.

其出生时的两倍，占成人大脑重量的 50%。而孩子的体重要到 10 岁才达到成人的 50%。”[①] 可见，3 岁之前孩子大脑发育大大超过了身体发育的速度。人生的头三年是儿童进行大脑组装的过程，胜过以后发展的各个阶段的总和。国外的儿童心理相关研究也证明了这一点：人脑的发展显示，不同功能的神经连接是按照顺序发展的，首先发展的是感知觉（视听），其次是语言，最后是较高级的认知功能。儿童在 0~3 岁年段视听感官和语言的发展一直处于上升阶段。具体内容见下图：

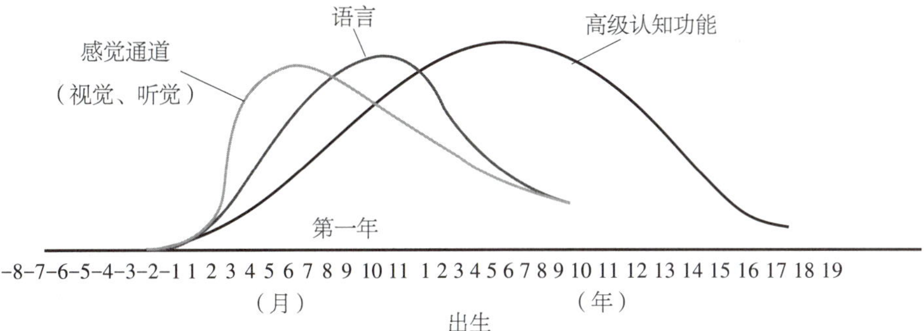

注：左侧方块区 1 岁内的数字为月龄，方块区右侧 1 岁后的数字表示年龄

图1-3 人脑早期感觉、语言和高级认知发音顺序示意图[②]

大脑发育的敏感期与年龄的关系图也显示，0~3 岁是儿童视听感官和语言发展的高峰期。0~3 岁被誉为大脑感知觉（视听）和语言发育的敏感期（具体内容见图 1-4）。蒙台梭利提出了儿童发展的“敏感期”，敏感期是指：在儿童成长过程中，儿童受内在生命力的驱使，在某个时间段内，专心吸收环境中某一事物的特质，并不断重复实践的过程。这样的成长期是孩子必经的阶段，孩子只有顺利经过这些成长期，才能更好地成长。很多人进入社会后不愿做事、不敢做事、不会做事，原因很可能是他们 3 岁前被阻止做事，使得刚刚萌芽的做事的热情被扼杀，探索的勇气被熄灭，做事的能力得不到发展。因此，在 3 岁前对儿童实施“儿童本位”的教育理念对其今后的成人生活至关重要。

① 朱文珺.三岁看大，七岁看老[M].延吉：延边大学出版社，2010.

② 官群，姚茹，Richard Wagner，孟万金.中国《0~3 岁儿童学习与发展指南》研发报告[J].中国特殊教育，2018（5）：67-73.

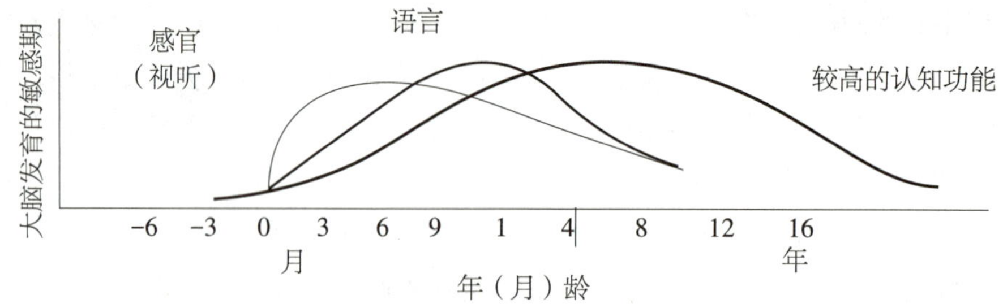

图1-4 大脑发育的敏感期与年龄的关系图①

在西方流行“早期银行论”，就是指对儿童实施早期教育好像往他们的神经银行里储蓄，积蓄越多将来收益越大。但恰好这个最关键的儿童发育的“敏感期”，也正是年轻父母最缺乏经验的时候。早教机构用专业的视角来教养婴幼儿，从某种程度上解决了这个难题，帮助年轻的父母弥补育儿能力上的缺憾，为其解决生儿和育儿的后顾之忧。

我国大部分 0~3 岁婴幼儿主要是在家中教养，教养的指导意见主要在《全国家庭教育指导大纲》中阐述，该大纲阐述了包括 0~3 岁各个年龄段在内的儿童的身心发展特点和教育指导要点，为我国 0~3 岁婴幼儿教养提供了指导方向。从 2019 年开始，我国大力推进 0~3 岁托育服务。2019 年，国务院办公厅印发了《关于促进 3 岁以下婴幼儿照护服务发展的指导意见》，国家卫健委发布了《托育机构设置标准（试行）》和《托育机构管理规范（试行）》，这两个文件的出台标志着我国的早教事业开始迈向了新台阶。

拓展链接

《全国家庭教育指导大纲》（0~3 岁），将“0~3 岁年龄段的家庭教育指导”分为两大部分，一部分是“0~3 岁儿童的身心发展特点”，另一部分是“家庭教育指导内容要点”。0~3 岁该年龄段家庭教育情况分析：婴幼儿期从出生到大约 3 岁，是个体神经系统结构发展的重要时期，儿童身高和体重均有显著增长；遵循由头至脚、由中心至外围、由大动作至小动作的发展原则，逐渐掌握人类行为的基本动作；语言迅速发展；表现出一定的交往倾向，乐于探索周围世界；逐步建立亲子依恋关系。该年龄段家庭教育指导内容要点：第一，提倡母乳喂养，增强婴儿免疫力；第二，鼓励主动学习，掌握儿童日常养育和照料的科学方法；第三，设定生活规则，养成儿童良好的生活行为习惯；第四，加强感知训练，提高儿童感官能力，预防儿童伤害；第五，关注儿童需求，激发儿童想象力和好奇心；第六，提供言语示范，促进儿童

① 万人迪，谢庆.0~3 岁婴幼儿早期教育事业发展与管理［M］.上海：复旦大学出版社，2011.

语言能力发展；第七，加强亲子沟通，养成儿童良好情绪；第八，帮助儿童适应幼儿园生活。

（二）0~3 岁婴幼儿的早期干预和智力开发

早期教育机构在 0~3 岁婴幼儿智力的识别、潜能的开发、不良行为矫正等方面具有重要的功能与价值。0~3 岁正是人生中学习的黄金时段，是人的潜能开发的最佳时期。0~3 岁的早教行业持续健康、稳定发展，对于提高国民的整个素质具有重要意义。

每一个婴儿都是带着先天的成熟时间表降生的，婴儿的各种行为都是预设在个体生理发展过程的程序中，身体发育都会遵循基因安排好的顺序展开，如从运动领域来看，每个小孩儿的身体运动发展都遵循从抬头、翻身、坐、爬、站、走、跑、跳的顺序出现。虽然不同孩子的上述动作发生的月龄段不同，但其次序无一例外。① 孩子只有在神经系统肌肉和关节发展成熟之后才会迈步行走，只有在脊柱、脊髓、肩膀、膀胱和肠道的神经发展连接完成后，孩子才会控制排便，不再尿床。在心理发展的某些方面诸如情绪，感觉能力和部分知觉也表现出生理成熟的特点，早期教育必须尊重孩子的成熟时间表，尊重婴幼儿发展的规律，及时改造适应条件，使孩子的能力得到充分开发。格塞尔做过的一个双生子爬楼梯实验值得我们深思。双生子 A 从 46 周开始天天接受十分钟的爬楼梯练习，连续六周，到第 52 周他能够熟练地爬上 5 级楼梯。而双生子 B 到了第 53 周时，即使有人扶着也不愿意尝试爬梯，但第五十四周之后，当他在看到楼梯时却能一直爬到楼梯顶端，并且不用旁人协助，也就是说 B 到了某一时机不用预先练习爬行的成绩也会和 A 一样好。这表明，在某些方面婴幼儿的成长是受自身成熟机制制约的，人类的提前练习效果不会更好。北京师范大学洪秀敏曾指出，对于特殊儿童干预越早越好，但对于早期智力开发要慎重而行，这一观点也正是注重了儿童的身心发展的特征。

0~3 岁婴幼儿早教的最大特点就是教育对象的特殊性，其特殊性表现在服务对象的范围和服务对象本身两个方面②。具体内容见下表：

① 万迪人，谢庆.0~3 岁婴幼儿早期教育事业发展与管理［M］.上海：复旦大学出版社，2011.

② 万迪人，谢庆.0~3 岁婴幼儿早期教育事业发展与管理［M］.上海：复旦大学出版社，2011.

表1-6 0~3岁婴幼儿早期教育对象的特殊性

序号	类型	表现
1	0~3岁婴幼儿教育对象范围的特殊性	0~3 岁婴幼儿早期教育的教育对象不仅包括 0~3 岁的婴幼儿，还包括了这些婴幼儿的家长，这一阶段的教育与其他阶段是有明显的不同。3 岁前的婴幼儿，由于不具备独立生活的能力，其日常生活起居的各种活动均依赖于家庭成员，主要的活动范围也是在家庭中，因而受到家庭成员的影响特别大。家长作为婴幼儿成长过程中最早出现的、最为重要的因素，对其发展的影响更是非常大的。因此，早期教育必须教会家长如何教育自己的孩子
2	0~3岁婴幼儿自身具有特殊性	一方面，现代心理学研究已经充分证明，人在 3 岁前获得的早期经验对其一生的影响非常深远。由于这一阶段的个体对于环境是完全没有选择能力的，但对周围的一切事物又充满了强烈的兴趣，因此，如果 3 岁前的环境和教育处置不当，将会使个体在人生最初阶段发展误入歧途，甚至为个体成年后的发展埋下隐患。另一个方面，心理学实验发现，个体在发展的初期存在一些非常特殊的短暂“敏感期”或者“关键期”，在这些时期内，个体的某项心理功能的发展非常活跃，对相应的活动会表现出特殊的兴趣，这使得个体的某种心理功能在其相应的特殊时期内的发展表现得十分高效。一旦个体在某种心理功能发展的特殊时期缺乏与这种心理功能有关的活动，那么这种心理功能的发展就会受到阻滞甚至无法获得。研究发现，人类的绝大多数“敏感期”或“关键期”都是从 0~3 岁开始的

拓展链接

表1-7 0~3岁的婴幼儿照料者照护情况分析

序号	类型	优势	劣势
1	祖辈	祖辈带孩子的最大好处是家长放心（老人帮助儿女带孩子，从传统意义上是享受天伦之乐，传统的养儿防老的观念根深蒂固）	对孩子的要求就是“乖”，因此常常限制孩子们的活动。“不行、不可以、不能”，这是常见词汇
		很多祖辈其实想要有时有晌地带孩子。城市里的很多老人愿意从自己的退休金里出钱让孙子、孙女去托儿所，最多拿出半天或周末跟子女一起带，在老人享受自由生活的同时，也能跟孙辈一起享受天伦之乐；从乡村来到城里带孩子的老人不习惯城里的生活，更想把孩子带到自己熟悉的老家去	很多祖辈常代替孩子做事情，孩子成了“甩手掌柜”，导致孩子在祖辈面前大多过着衣来伸手饭来张口的生活，相较之下自理能力偏低
		祖辈带孩子有对孩子发展有利的方面，比如对孩子更宽容，孩子更容易与人相处，做事更淡定从容。比如，祖辈总是提示孩子慢点儿、慢点儿，而父母则往往相反，总提示孩子快点儿、快点儿	祖辈为了让孩子做某件事情经常用哄骗的方法，导致孩子产生对大人不可信任的错觉，甚至还在幼小的心灵里出现其他错误的思想
2	保姆	出自正规家政公司的保姆或者从孩子亲属中或周围的朋友中挑选出来的保姆，会给孩子带来一些有效的照料	目前，我国对保姆这一家政服务还没有统一的培训和相关规范，全凭良心工作，很难通过制度来保证照料的质量。保姆的费用一般都比较高，孩子父母两个人的工资收入的大部分是给保姆的。这样的家庭经济压力比较大。还不能保证保姆工作的持续性。某一线城市家庭爆料一年内换五六个保姆的情况比比皆是。经常换保姆对0~3岁的孩子的信任感的培养十分不利

续表

序号	类型	优势	劣势
2	保姆	生活中也有好的保姆，只是数量较少，且大部分儿女不在身边，有让孩子在身边陪伴心理。这种将孩子视如己出的心理，对孩子一生的成长都能产生积极的意义	保姆和雇主角色地位不同，短时的利益和长时的熏修差异很大。年幼的孩子主要通过观察模仿学习，而雇主想要让保姆像父母一样从长远的角度来对孩子进行照顾的愿望也不太现实。如果保姆是祖辈则存在和父母照料观念上的差异
3	父母	父母的照护是给孩子最大的爱，孩子越小越需要父母的照护	最大问题就是专职妈妈（爸爸）社会价值感的缺失。每天在一个狭小的空间，面对一个娇小的孩子，很多父母手足无措，缺少专业的养育孩子的知识、能力和心理准备 经济重担一个人承担，精神疲惫，另一方又要求早回家陪伴，导致家庭矛盾不断出现 在家留守的一方调节好自己的状态十分重要，需要持续的学习，不断地成长自己才可以做到
4	托育机构	把孩子送到满意的托育机构：从 2019 年开始，国家大力推进 0~3 岁托育服务。从教育的角度讲，0~3 岁是孩子人生的关键阶段。在儿童本位理念的托育机构，孩子们在安全的环境中享有充分的自由，并得到老师适当的鼓励、支持和帮助	需要考证的问题：该托育机构的资质是否符合国家标准、是否以儿童本位教养为理念

第三节

早教机构运营管理的原则

华女士是一名有着三年早教机构教学经验的教师，她对自己所从事的早教事业说出了三点体会：第一，要做一名称职的早教机构的教师最重要的不是学问而是道德水平，要具有足够的爱心、耐心与诚心，爱孩子、知道孩子；第二，早教机构中的教师学历也不需要太高，因为早教上课模式是固定的，只要有一本专业的、现成的、细致的教案发到教师手中，教师照做就行，不需要有太多自己的想法；第三，早教机构的教师必须要遵循孩子身心发展的规律，特别是符合孩子发展的年龄特点。

思考：这是华女士关于早教机构中教师的特征及其要遵循的教学原则的描述，对于这种说法你认同吗？早教机构管理者会认同吗？早教机构整体的运营管理又遵循什么样的原则？

一、早教机构运营管理原则的含义

早教机构运营管理原则，是指早教机构管理人员在管理教育活动中所遵守的准则和基本要求。任何管理活动都是在一定的原则指导下进行的，早教机构的管理活动也是如此。在进行教育管理活动时，要想实现教育的目标、提高管理效率就必须把教育管理活动置于正确的原则指导下，否则就不能保证教育管理活动的正常进行，教育管理工作的有效性也无从谈起。

拓展链接

高质量的早教机构应具备的条件[①]

第一，人员训练有素，能够满足婴幼儿发展所需的交流。

第二，人员相对稳定，这样婴幼儿可以与照料者保持稳定的关系。

第三，有健康和营养的安排以促进婴幼儿的健康发展。

第四，物质环境安全，设施维护良好，并且监控严密。

第五，活动对处于相应年龄阶段的婴幼儿来说是适宜其发展的。

第六，在引进文化活动和信息方面能与家长合作。

第七，通过开放的渠道鼓励家长参与和共同作出影响婴幼儿的决定。

第八，对文化差异敏感并且承担保护每个婴幼儿独特文化的义务。

---

① [美]科里克.托幼机构管理[M].韦小冰，等译，北京：北京师范大学出版社，2007.

二、早教机构运营管理原则的内容

早教机构运营管理的基本原则：方向性原则、教养为主的整体性原则、民主性管理原则、有效性原则、社会协调性原则。[①]

（一）方向性原则

1. 方向性原则的含义与意义

早教机构管理工作必须坚持正确的方向，即坚持党的领导和社会主义办教育的原则。

2. 实施方向性原则的要求

早教机构员工个人的特征和需达到的技能要求

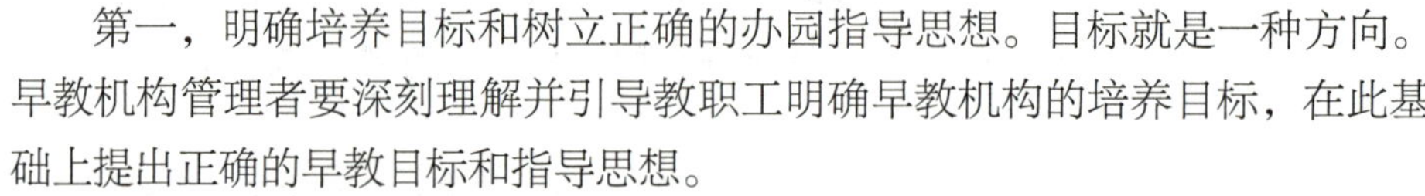
第一，明确培养目标和树立正确的办园指导思想。目标就是一种方向。早教机构管理者要深刻理解并引导教职工明确早教机构的培养目标，在此基础上提出正确的早教目标和指导思想。

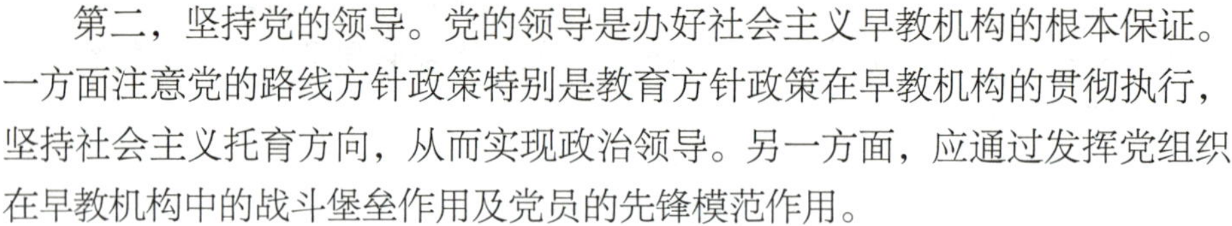
第二，坚持党的领导。党的领导是办好社会主义早教机构的根本保证。一方面注意党的路线方针政策特别是教育方针政策在早教机构的贯彻执行，坚持社会主义托育方向，从而实现政治领导。另一方面，应通过发挥党组织在早教机构中的战斗堡垒作用及党员的先锋模范作用。

第三，注重正确的思想引领和优良的早教机构的文化建设。早教机构是培养人的场所，培养好人才、服务好家长的同时，还要通过加强师德教育，提高教职工素养，为实现全面育人不断努力。

（二）教养为主的整体性原则

1. 教养为主的整体性原则的含义与意义

早教机构是以教养工作为中心，使托育机构内各个部门协调工作，共同努力实现总体目标。早教机构是一个系统、一个整体，是由相互作用、相互依赖的各个部分结合而成的具有特定功能的有机整体。

2. 实施教养为主的整体性原则的要求

第一，树立全局观念，强化整体意识。早教机构是社会系统的组成部分，同时也是一个相对独立的整体，有着自己的整体的目标和利益，因而早教机构各个部门，各项工作都要服从和服务于这一个整体目标和利益。

第二，教养为主，全面安排。早教机构管理工作必须明确以教养为主，统筹安排早教机构的各项工作。教养为主，意味着机构中的主要管理人员、保教人员大部分时间和精力用于保教工作。

第三，教养要遵循婴幼儿的生理心理发展规律，越小的孩子差别越大。小孩的差异是用月来计算的，甚至是用天来计算，特别是刚刚出生的新生儿其变化甚至可以用“一日不见，如隔三秋”来描述。因此早教机构保教人员应该认真学习和熟练掌握 0~3 岁婴幼儿各个月段的身心发展特点，按照科学的方法对婴幼儿实施教养活动。

---

① 张燕. 学前教育管理学（第二版）[M]. 北京：北京师范大学出版社，2009.

（三）民主性管理原则

1. 民主管理原则的含义与意义

民主管理的实质是调动全体保教人员的积极性，把每个人的智慧、潜力发挥出来。要完成工作任务和关心他人，同时要处理好管理者、领导者和管理对象即广大教职工的关系。调动整个机构各类人员的积极性，发挥管理的机制，以更好地实现早教机构的任务目标。

2. 实施民主管理原则的要求

第一，树立群众观点，坚持群众路线。管理工作中一定要相信、依靠群众，密切联系群众，要注意处理好管理者与管理对象之间的关系。认识到广大教职工即管理的客体，又是管理的主体，是实施教育等各项工作的主体。

第二，在组织上为组织成员参与管理创造条件。实行民主管理首先应当建立群众监督咨询的组织和制度。如定期召开教代会、职工代表大会、园务会等，讨论园所的工作和问题，沟通管理者与管理对象的关系。

（四）有效性原则

1. 有效性原则的含义与意义

管理的目的在于提高效率，要以最小的投入创造出更多更好的经济效益和社会效益，为社会做出有价值的贡献，充分发挥管理的生产力职能。早教机构管理要在正确的目标指导下，通过科学管理，合理组织园所人力、物力、财力等资源，充分挖掘潜力，讲究经营，高质量、高效地实现培养目标，完成早教机构的双重任务。

2. 实施有效性原则的要求

第一，树立正确的教育质量观、效益观，关注社会的发展，明确社会对未来人才规格的要求。管理工作中，将多快好省统一起来，要把凡事讲究效率、效益，作为早教机构的重要制度思想和管理目标。

第二，建立合理的组织与制度，使早教机构工作规范化、程序化。管理是对组织而言的，早教机构要有合理的组织机构，并不断完善，要明确园所的任务目标，建章立制，形成管理层次清楚、职责分明，既统一领导、又分工协作的科学管理系统。要做到机构简、人员精，提高组织的功能和效益。

第三，有效组织和利用资源，实现经济效益优化。首先要做到人力资源的有效利用，做到知人善任、用人之长，合理组织和运用激励机制，从而发挥组织成员的聪明才智和潜在能力，更多和更好地完成工作任务。其次，勤俭办园，提高物力和资金的利用率。早教机构管理要做到合理利用物质资源和资金，科学经营，节支增收，提高经费和物资利用的有效率。最后，注重时间信息的有效利用率。管理者和领导者要善于合理安排工作，分清主次轻重，考虑工作的优先次序，提高时间利用率。

（五）社会协调性原则

1. 社会协调性原则的含义与意义

早教机构是社会的一个组成部分，管理上要注重与社会的联系与互动，通过内外沟通协调，充分利用有利条件，不断提高保教工作质量和管理水平。

2. 实施社会协调性原则的要求

第一，争取认识组织与环境的关系，树立面向社会办园的思想。早教机构要搞好管理就要注重分析园所内外的动态矛盾，主动了解社会环境的变化，有意识地自我调控，与环境保持平衡。

第二，增强联系，搞好协调，实现双向互动。要注意依靠社会力量办好早教机构，搞好教育的同时还要发挥教育机构的优势，面向社会做好宣传教育工作，自觉参加社会服务的活动，以发挥社会功能，实现双向互动和服务。

早教机构运营管理的五项原则是相互联系的，在五项原则中方向性原则是首位的（头），有效性原则是底线（尾），教养为中心的整体性原则是核心（心脏），而民主性管理原则和社会协调性原则能解决早教机构运营管理的内忧外患，堪称是早教运营管理的左膀右臂。作为早教机构的教育行政领导应善于将它们结合在一起，全面贯彻，以期能取得运营管理的最佳效果。

三、早教机构运营管理的方法

早教机构管理的方法主要是指早教机构为实现机构管理目标开展管理活动所采取的各种手段措施和途径的综合管理方法，受一定的管理思想和管理原则的指导，并与机构各项管理工作内容相适应。早教机构管理主要有法律方法、行政方法、思想政治教育方法、经济方法。①

第一，法律方法。法律方法是指机构管理人员通过国家制定的各种教育的法规条例和教育方针政策对园所工作进行管理的方法，法律方法的特点包括强制性、规范性和稳定性。运用法律方法应注意的问题：认识法律方法的局限性是缺少灵活性。

第二，行政方法。行政方法是指机构管理者依据各级组织机构及其赋予的权利，通过发布行政指令的方式，直接对教职工产生影响的管理方法。行政方法的特点包括权威性、强制性、单向性、无偿性。运用行政方法应注意的问题包括正确认识行政方法的有效性和局限性，正确认识和对待权威的作用。

第三，思想政治教育方法。思想政治工作是做人的工作，是依靠宣传、说服、教育、精神鼓励等方法做人的工作，启发人的觉悟，调动积极性，激发工作热情和干劲特点及作用。思想政治教育方法的特点包括启发性、长期性、复杂多样性。运用思想政治教育方法应注意的问题：一是认识思想政治

① 虞永平．学前教育管理[M]．上海：华东师范大学出版社，2001.

教育方法的局限性；二是思想政治教育的内容要有科学性；三是思想政治教育的形式要注意群众性；四是思想政治教育的方法要讲究灵活性艺术性。

第四，经济方法。早教机构管理的经济方法是指机构管理者运用各种经济手段，协调调动教职工的积极性，对教职工的行动进行管理的方法，具有利益性、有偿性、平等性、间歇性。运用经济方法应注意的问题：正确认识经济方法的局限性，奖惩结合，全面兼顾。

国家除了正向地管理早教机构之外，还建立了早教机构管理的黑名单制度，目的是对违反管理规定的早教机构进行惩治，加大对托育机构服务人员侵犯儿童权益行为的惩罚力度，解除0~3岁婴幼儿家长对孩子安全的后顾之忧。2019年，国家卫生健康委员会颁布了《托育机构管理规范（试行）》（以下简称《管理规范》），该文件向社会公开征求意见中提出依法建立托育机构及其工作人员黑名单制度。黑名单制度在执行过程中分为两个部分，严把从业人员的入口关和进行从业人员的过程管理。

第一，严把入口关，保护儿童身心健康。各有关部门应当将托育机构及其工作人员信用信息纳入全国信用信息共享平台，实施守信联合激励和失信联合惩戒；依法建立托育机构及其工作人员黑名单制度，禁止有虐待、伤害婴幼儿记录的机构和个人从事托育服务。黑名单制度契合了公众对于托育服务质量标准及安全指数的要求，有效地将存在职业道德隐患的从业者拒之门外，从而筛选出真正热爱托育行业、符合托育行业准入标准的从业者。第二，建立事中监管制度，加大侵权惩罚力度。《管理规范》拟规定，托育机构监控报警系统24小时设防，监控录像资料保存至少90日，不得无故中断，随意删改监控资料。事中监管责任制是防止托育机构从业人员发生虐童行为而设置的，一旦发生这样的行为应由国家有关部门对托育机构进行相应处罚，并对该托育机构的从业人员进行排查。这是维护手无寸铁、不太明事理的3岁以下儿童权益的基本要求。

托育行业设立黑名单制度有两大积极意义：第一，能够杜绝有案底的机构、人员再次侵犯儿童权益；第二，在一定程度上能够对托育服务人员群体起到警醒和震慑作用，有助于减少托育服务中侵犯儿童权益的不法行为，更好地保护儿童的身心健康。

 本章回顾

本章阐述了0~3岁婴幼儿早教机构运营管理的基本内容，包括教育管理概述、早教机构的功能与价值以及早教机构运营管理的原则等。在教育管理中描述了教育管理的理念与特征等；在早教机构的功能与价值中描述了早教的社会和个体两大功能；在早教机构运营管理的原则中描述了五项原则，分别是方向性原则、教养为主的整体性原则、民主性原则、有效性原则和社会协调性原则。

思考与训练

1. 你认为教育管理是一门怎样的学问，你是如何理解教育的规律和管理的规律？

2. 作为早教机构管理的学习者，你将如何向他人描述早教机构的功能和价值？

3. 早教机构的运营管理有哪些原则，请筛选出你认为最主要的三条原则来谈一谈在实践运用过程中的应用。

4. 早教机构运营管理的基本流程是什么，你是如何理解每一步的具体内容的？

5. 早教机构运营管理的基本理念是什么，在实际的运营管理中该如何实施？

实操实训

1. 以婴幼儿家长的身份走访两家早教机构，与早教机构中的管理人员进行交谈，从宏观上了解和对比两家早教机构在运营管理方面的差异和优长。

2. 以实习生身份到一家早教机构应征做工作人员或管理人员的助理，从微观上观察早教机构管理人员是如何处理运营过程中出现的事件的，通过处理过程和结果来探究他们是否遵循了教育管理的原则，积极思考该如何改进运营管理模式并为管理者提供可行的建议。

推荐阅读

1. [美]伯顿·L. 怀特. 从出生到3岁[M]. 宋苗，译. 北京：北京联合出版公司，2016.

2. 温泉 . 如何开家早教机构［M］. 北京：化学工业出版社，2016.

3. 万迪人，谢庆 .0~3 岁婴幼儿早期教育事业发展与管理［M］. 上海：复旦大学出版社， 2011.

4. 张燕 . 学前教育管理学（第二版）［M］. 北京：北京师范大学出版社，2009.

5. 陈孝彬，高洪源，等 . 教育管理学（第三版）［M］. 北京：北京师范大学出版社，2008.

第二章 早教机构的创办

在筹办 0~3 岁婴幼儿早教机构时，创办者对机构环境、自身定位的精准考量是开办高质量早教机构的基石，也是机构成功运营的重要影响因素。除此之外，创办者还应该在前期准备中进行详细的调研，对各类影响机构发展的因素进行深入了解。在进行机构申办时，创办者应该明确各地方对机构人员、用地等提出的具体要求，并且了解相关的法律法规，能够按照各地方要求，成功进行机构的登记与备案。当然，优秀的早教机构管理人员也能在前期定位的基础上，运用一定的宣传方法进行招生，对本机构的生源进行科学编班，为后续机构的正常运行与蓬勃发展打下坚实基础。

教学目标

1. 了解早教机构选址的环境要求与定位要求。

2. 理解早教机构申办的审批程序与招生的基本内容。

3. 能在教学实践中模拟早教机构申办和招生工作，为创办早教机构做好准备。

教学重难点

学习重点：早教机构申办的审批程序和招生的基本内容。

学习难点：在教学实践中模拟早教机构申办和招生工作，为创办早教机构做好准备。

思维导图

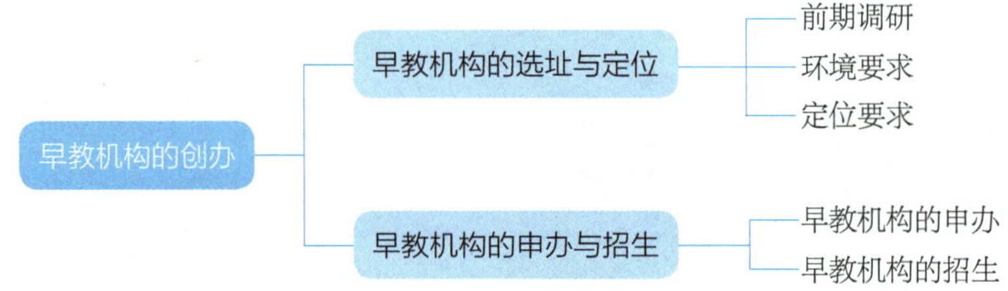

第一节

早教机构的选址与定位

2019年，北京市人防办会同北京市住建委发布了《关于印发〈北京市地下空间使用负面清单〉的通知》(下称《负面清单》)，进一步规范北京市地下空间的日常管理使用，防范再利用后反复治理问题。《负面清单》涉及住宿、餐饮、教育等13大类24小项禁止项目，包括托儿所、幼儿园的儿童用房，中、小学的普通教室等不应设置在地下空间。《负面清单》规定，禁止非居住用途地下空间用于居住，不得在地下空间内设置旅馆的住宿房间。此外，托儿所、幼儿园的儿童用房不应设置在地下空间，不得在地下空间设置中、小学的普通教室，不得在居民住宅区地下空间开设盈利性民办教育培训。

思考：开办0~3岁婴幼儿早教机构的建筑要求有哪些?

一、前期调研

开办一所高质量的早教机构取决于许多方面，包括它的开办地点、机构环境、师资力量、机构理念等，而最重要的工作就是早教机构的选址。家长为婴幼儿选择早教机构前，会考虑很多因素，如家长会考虑接送幼儿时，如果没有私家车，附近有没有完善的交通基础设施；早教机构所处地段的安全性以及周边整体环境情况。所以开办者在选址前都应进行前期调研工作。在前期调研中除了对该地人口情况、入托率、资金支持、政策支持进行调研，还需进行市场调研，包括对周边相似机构竞争力的分析、所处地区消费能力与其教育行业消费水平的调查、本机构的服务区域与业务范围的考量。在了解所在区域的需求后，有的放矢地开办高质量的早教机构。

二、环境要求

（一）外部环境

机构的外部环境往往能够决定家长与幼儿对机构的第一印象，同时外部环境的优质与否也成为评估机构质量的条件之一。

1. 整体环境

在进行早教机构的选址时，考虑到0~3岁婴幼儿的年龄特点与身心发展需要，开办者第一应对机构周边的空气、绿化、采光、噪声情况有详细的了解。婴幼儿娇弱、免疫力低，机构应保证婴幼儿所处空间的空气流动性及空气质量，不应该选址在化学工厂、车间附近，防止有毒有害物质侵袭，防止噪声污染。第二重视绿化，绿化可以起到调节空气质量、调节温度湿度、减弱噪声、丰富生物多样性等作用，有利于婴幼儿的身心发展；同时，机构内和机构外的绿化程度高也可起到美化环境的作用，绿意盎然的环境更可以让老师、家长们感受到孩子们所在之处生机勃勃，令人耳目一新。

2. 社区人口结构情况

调查社区人口结构情况需要考虑的因素有：居住人口密度、居住人口年龄分布、居住群体消费水平和消费习惯、居住群体文化程度等。这些因素会直接影响到机构的招生数量、服务质量、服务定位、收费定位、课程定位等。举个例子：某社区内人口年龄主要在20~40岁之间，是新楼盘，年轻父母较多，新生儿较多，对早教服务需求较大，家长们希望能享受到全日托、半日托、计时托、临时托等托育服务项目，也愿意消费具有特色的早教课程。那么开办者在这个社区开办0~3岁婴幼儿早教机构可以保证其机构的招生数量，也能进行机构课程、服务范围的定位。

在进行社区调查时，除了常见的随机问卷形式，也建议使用个别访谈、与社区合作的形式，保证调查结果的真实性与有效性。

3. 基础设施建设

在进行选址时，需要考察机构周围的基础设施建设情况，尤其是交通设施的建设。家长在选择机构时，交通是否便利是他们考察因素之一，包括公交、有轨电车、地铁的线路延伸交叉情况，有无停车场、停车场是否收费等。如某大型机构不只是在所在社区进行招生，而是面向全市招生，那么距离机构较远的家庭，有车的会考虑停车是否方便、是否收费，没有车的会考虑乘坐何种交通工具能更方便。总的来说，机构周边的交通设施情况会在一定程度上影响此机构的招生数量、招生范围。

除了交通设施，机构周边的公共场所建设也有助于家长的选择考察，如公园、展览馆、幼儿园、小学等。有些早教机构开展亲子课程时，可以充分利用像公园这样开阔、能够接近大自然的场所，既能够丰富课程形式，又有助于打造本机构的特色课；如果机构周边有质量高的幼儿园、小学等，家长会做出就近原则的选择；博物馆、展览馆则能方便机构利用资源，也能方便家长就近参观，同时这样的文化交流场所也有利于渲染良好的社区文化氛围。

（二）内部环境

1. 建筑要求

《托育机构设置标准（试行）》中指出：托育机构应当有自有场地或租赁期不少于3年的场地；托育机构的建筑应当符合有关工程建设国家标准、行业标准，设置符合标准要求的生活用房，根据需要设置服务管理用房和供应用房。

早教机构的建筑选择与设计应参考的行业标准是由住房和城乡建设部在2016年发布、2019年修改的《托儿所、幼儿园建筑设计规范》（JGJ39-2016）（以下简称《规范》），0~3岁婴幼儿早教机构都应遵守此行业标准进行建筑的设计与装修，保证幼儿人身安全。

在《规范》中指出，托儿所[①]建筑应由生活用房、服务管理用房和供应用房等部分组成；托儿所生活用房应布置在首层。当布置在首层确有困难时，可将托大班布置在二层，其人数不应超过 60 人，并应符合有关防火安全疏散的规定；托儿所班型在四个班以上建筑应独立设置；托儿所和幼儿园合建时，托儿所应单独分区，并应设独立安全出入口，室外活动场地宜分开。所以开办者要结合先前对招生的调研分析与自身资金筹备情况来确定机构建筑。除此之外，《规范》还针对园所规模、基地、建筑设计、建筑设备等进行了具体的要求。

2. 生活用房

早教机构的生活用房由乳儿班、托小班、托大班组成，各班应为独立使用的生活单元。其中乳儿班和托小班有单独的设置要求，托大班则可参考幼儿园设置要求。其中乳儿班和托小班生活单元各功能分区之间宜采取分隔措施，并应互相通视。

（1）乳儿班应包括睡眠区、活动区、配餐区、清洁区、储藏区等，各区最小使用面积如表 2–1 所示。

表2–1　乳儿班各区最小使用面积

单位：m^2

各区名称	睡眠区	活动区	配餐区	清洁区	储藏区
最小使用面积	30	15	6	6	4

（2）托小班应包括睡眠区、活动区、配餐区、清洁区、卫生间、储藏区等，各区最小使用面积如表 2–2 所示。

表2– 2　托小班各区最小使用面积

单位：m^2

各区名称	睡眠区	活动区	配餐区	清洁区	卫生间	储藏区
最小使用面积	35	35	6	6	8	4

注：睡眠区与活动区合用时，其使用面积不应小于 50 m^2。

（3）托大班生活用房的使用面积及要求宜与幼儿园生活用房相同，当活动室与寝室合用时，房间最小使用面积不应少于 105 m^2，如表 2–3 所示。

① 本章中提到的"托儿所"等同于本书0~3婴幼儿早教机构中，经有关部门登记、卫生健康部门备案，为3岁以下婴幼儿提供全日托、半日托、计时托、临时托等托育服务的机构。大部分开在商场内的营利性早教中心大多只负责教授1~2小时的课程，其业务范围并不包含托育服务，所以本章内容的所指对象并不包含此类机构。

表2-3　幼儿生活单元房间的最小使用面积

单位：m^2

房间名称	活动室	寝室	卫生间		衣帽储藏间
			厕所	盥洗室	
房间最小使用面积	70	60	12	8	9

（4）乳儿班和托小班生活功能区要求：生活单元各功能分区之间宜采取分隔措施，并应互相通视。

A. 活动区：由于乳儿班和托小班的婴幼儿经常在地上玩耍，所以乳儿班和托小班活动区地面应做暖性、软质面层（如采取地热采暖、铺设木地板或地毯等措施），距地 1.2 m 高的墙面应做软质面层，保证婴幼儿的健康和安全。

B. 睡眠区：睡眠区应布置供每个婴幼儿使用的床位，为保证婴幼儿安全，不应布置双层床，床位四周不宜贴靠外墙。托儿所的活动室、寝室及具有相同功能的区域，应布置在当地最好朝向，冬至日底层满窗日照不应小于 3 小时，这类用房的窗洞开口面积不应小于该房间面积的 20%。

C. 配餐区：应临近对外出入口，并设有调理台、洗涤池、洗手池、储藏柜等，应设加热设施，宜设通风或排烟设施。

D. 清洁区：应设淋浴、尿布台、洗涤池、洗手池、污水池、成人厕位等设施，成人厕位应与幼儿卫生间隔离。

E. 卫生间：托小班卫生间内应设适合幼儿使用的卫生器具，坐便器高度宜为 0.25 m 以下。每班至少设 2 个大便器、2 个小便器，便器之间应设隔断；每班至少设 3 个适合幼儿使用的洗手池，为方便幼儿使用，高度宜为 0.4~0.45 m，宽度宜为 0.35~0.4 m。

F. 乳儿班和托小班还可以设置喂奶室，使用面积不宜小于 10 m^2，其应临近婴幼儿生活空间并设置开向疏散走道的门，设置尿布台、洗手池，可以设置成人厕位。

3. 服务管理用房与供应用房

服务管理用房大致包括晨检室（厅）、保健观察室、教师值班室、警卫室、储藏室、园长室、财务室、教师办公室、会议室、教具制作室等房间。各机构按照自身管理需求和规模大小决定设置，如遇到建筑内使用面积不够，也可将服务管理用房进行合并或删减，使用面积也可以适当减少。各房间的最小使用面积如表 2-4 所示。

表2-4 服务管理用房各房间的最小使用面积

单位：m^2

房间名称	规 模		
	小型	中型	大型
晨检室（厅）	10	10	15
保健观察室	12	12	15
教师值班室	10	10	10
警卫室	10	10	10
储藏室	15	18	24
园长室、所长室	15	15	18
财务室	15	15	18
教师办公室	18	18	24
会议室	24	24	30
教具制作室	18	18	24

注：晨检室（厅）可设置在门厅内；房间可以合用，合用的房间面积可适当减少。

供应用房宜包括厨房、消毒室、开水间等房间，厨房应自成一区，并与幼儿生活用房应有一定距离，且厨房人均使用面积宜为 0.4 m^2，不应小于 12 m^2。机构根据自身规模确定厨房的使用面积，但为保证厨房的基本使用功能，面积不应过小。需要特别注意的是像厨房、卫生间、实验室、医务室等使用水的房间不应设置在婴幼儿生活用房的上方，以防止用水泄露，干扰楼下婴幼儿的正常生活。

4. 室外场地

婴幼儿每日户外活动不应少于 2 小时（寒冷、炎热季节及特殊天气适当减少时间），所以具有托育服务的机构应当对室外场地进行规划。《规范》指出：托儿所室外活动场地人均面积不应小于 3 m^2，在城市人口密集地区改、扩建的托儿所，设置室外活动场地确有困难时，室外活动场地人均面积不应小于 2 m^2，如果托儿所与幼儿园合建在一起，室外活动场地宜分开。

（三）环境设计

早教机构的环境设计一般遵循两个原则：统一性原则和安全性原则。

统一性原则是将环境设计分为内部环境设计与外部环境设计，精神环境设计与物质环境设计；内部环境与外部环境设计风格应相统一，精神环境与物质环境设计内涵应相统一。例如一家早教机构以崇尚自然为教育思想，其外部设计也大多采用了自然元素，看起来简朴雅致，但室内的装修却金碧辉煌，显得搭配不当，家长也很难抓住机构的特点。

安全性原则可从字面理解，婴幼儿娇弱，早教机构内的房屋装修、设施设备、装饰材料等，都应当符合国家相关安全质量标准和环保标准，保证安全无毒，还要定期进行检查维护，保证婴幼儿的安全。

1. 设计风格

就目前的早教机构来说，主要有以下几种风格。

（1）崇尚自然型，部分借鉴类似于华德福教育思想的机构，不论是内部还是外部，其装修风格传递出清新自然感，所用到的颜色比较简单，装饰的材料大多采用天然材料（如石头，松枝等），整体设计给人简单质朴的感觉。

（2）高端奢华型，一些规模大、自身定位较高、地处于繁华市区或高档小区的机构，其装修设计往往采用高端材料，格局布置大气，透露出奢华感。

（3）简单实用型，多数普通机构采取的是简单设计，重点在于实用，不浪费空间，整体看起来美观整洁即可。

（4）环保生活型，一些倡导环保理念的机构，其多是使用可再利用材料，如使用废旧的灯泡、瓶子进行装饰，节约环保。

2. 品牌形象

机构的品牌形象大多通过其视觉识别系统（VI）进行展现，早教机构视觉识别系统包括基本要素和应用要素[①]。基本要素包括机构名称、标志、吉祥物、标准字体、专用印刷字体等；应用要素包括招牌、旗帜、标识牌、教学用品等。所以早教机构的装修应与机构视觉识别系统结合起来，在装修设计前应完成本机构基本要素的设计，在装修时将选择适合本机构办学风格的色彩和布局安排。通过机构的环境设计，公众能够了解并记住本机构的品牌，起到宣传作用。

为了有良好的宣传效果，早教机构的环境设计应具备以下几种特性。

（1）独特性，每所机构形象不尽相同，传达的理念也不相同，抓住自己的特色，突出自身的鲜明特点，是进行机构环境设计的一大重难点。每一所机构应该从自身的定位、教育理念出发，设计属于自己的外观形象，使得公众能够轻易地记住并与其他机构区别开来。

（2）持续发展性，除了要有特点，还要考虑实用。每一所早教机构的筹建装修都花费巨大，所以环境设计除了考虑美观外，在规划布局、选择材料时，还应考虑实用耐用，毕竟一所机构的装修并不是用一两年就能再翻新的，从持续发展的角度考虑，在选取材料时应真材实料，拒绝豆腐渣工程，规划布局科学实用，不浪费资源。

3. 教育意义

一些机构在进行环境设计时，只考虑了机构的需求，而忽略了婴幼儿的需求。环境设计除了美观外，还应具有一定的教育意义，毕竟环境的教育是

---

① 谭小超．试论学校教育品牌的视觉形象设计[D]．上海：东华大学，2010.

潜移默化的。

（1）对婴幼儿具有教育意义：虽然婴幼儿年龄尚小，但这并不影响他们自主探索环境，有时是墙面上一组动物的壁画让他们驻足摸索，有时是地毯上羊毛的触感让他们有了攀爬的兴趣。所以考虑到婴幼儿的年龄与身心发展特点，每班的墙面地面、可触及或是婴幼儿攀爬站立视线范围内的地方，都可以进行图案的绘制和多种材料的拼贴（绘制的图案不应过于繁杂，避免婴幼儿注意力不集中），让婴幼儿与环境互动。

（2）对于教师和课程有辅助意义：高效的环境利用体现在教师授课时能利用到环境，环境作为课程的一部分而存在，所以除了幼儿与环境的互动，机构的环境设计还应追求环境与教师的互动。例如某引入华德福教育思想的机构，崇尚自然，屋内的装修多用自然元素，在托大班的亲子课上，老师让孩子们找一找屋内什么物品是树上的果实，有的孩子找到了苹果，有的孩子找到了松果，这就是典型的利用环境。

三、定位要求

定位是开办早教机构的战略性任务。一般先在前期调研中确定服务对象，确定自己将提供的服务类型，再深入对周边其他带有同等服务性质的机构进行竞争分析，确定本机构的课程定位与收费定位，一家 0~3 岁婴幼儿早教机构的雏形形成了。

（一）服务定位

0~3 岁婴幼儿早教机构的服务定位主要是服务对象与服务类型的定位。在进行服务定位时，可以主要从以下两个方面入手：社区情况、周边机构状况。

1. 社区情况

调查社区时，首先了解社区楼盘中新楼盘和老旧楼盘情况。一般来说，普通旧楼盘人口较少，居民年纪偏大，适龄儿童少；新楼盘相较于旧楼盘，人口更多，适龄儿童更多，年轻人购买力强，对托育服务需求更高，教育消费意愿更强。其次需要调查社区居民的年龄分布、受教育程度、职业分布，以了解居民对于早期教育的看法、期待。最好能针对年轻父母做专项问卷、访谈调查，以锁定潜在需求。最后，在了解了社区情况后，开办者可以初步考虑机构的规模，提供的服务类型（全日托、半日托、计时托、临时托）以及匹配的师资规模。

2. 周边机构情况

一般家长选择早教机构时不会选择太远的地方，所以开办者需要了解服务半径内其他机构的情况，包括他们的课程内容、师资力量，家长评价等，规避其他机构办学存在的问题，整合他们的服务漏洞，在进行对比后挖掘自身优势，进行课程与收费定位。

（二）课程定位

课程定位实际上是把握家长对早期教育的期待和需求，整合其他机构的不足，找到本机构闪光点的过程。家长对于婴幼儿阶段的课程要求大致分为以下两种：一是没有什么特别期待，只希望园里的老师受过专业资质培训，对孩子认真负责，不期待教什么特别的课程，孩子能吃好睡好就行；二是不输在起跑线上，孩子除了吃好喝好，最好还能有些特色的或者紧跟教育潮流的课程，比如早期脑部开发、五大能力开发等。针对家长们的需求，开办者需要摸索到合适的课程模式，并且思考怎样才能办出特色，但不管什么样的课程定位，都不能为迎合需要而“揠苗助长”，应始终坚持以幼儿为本的原则，做真正符合婴幼儿发展需要、对婴幼儿发展有益的课程。

（三）收费定位

入托费是机构的主要收费来源，也是家长十分关注的问题。

1. 非营利性机构

目前关于早教机构的收费标准尚未出台，非营利性早教机构则可参考幼儿园收费管理办法，2012 年国家发展改革委、教育部、财政部印发《幼儿园收费管理暂行办法》（发改价格〔2011〕3207 号），各省以此为依据制定了符合地方实际情况的幼儿园收费管理办法。以上海市和山东省为例。

（1）上海市：2015 年 9 月，上海市发展和改革委员会、上海市教育委员会、上海市财政局发布了《上海市幼儿园收费管理办法》（沪发改价费〔2015〕5 号）的通知，其中指出公办幼儿园保育教育费实行政府指导价，民办幼儿园保育教育费实行市场调节价。

（2）山东省：2020 年 1 月，山东省发展和改革委员会、山东省财政厅、山东省教育厅印发《山东省幼儿园收费管理办法的通知》（鲁发改成本〔2019〕1222 号）。其中指出对公办幼儿园、普惠性民办幼儿园以及其他非营利性民办幼儿园，实行保教费动态调整机制，原则上每 3~5 年核定一次保教费收费标准。公办幼儿园和普惠性民办幼儿园的保教费标准根据当地城乡经济发展水平、办园成本和群众承受能力等实际情况制定或调整。其他非营利性民办幼儿园的保教费标准根据办园成本、办园水平、市场需求等因素制定或调整。

2. 营利性机构

营利性机构则一般遵循以下几点。

收费定位参考非营利性机构，因为多数非营利性机构收费标准为政府定价或政府指导价，比较贴近当地群众的收入水平。

很多机构在前两年都可能呈现亏损状态，所以需要计算机构开办、运营的成本，预估亏损承受能力。

考察周边其他机构定价标准，虽然不需要打价格战，但是价格会成为机构之间竞争的一大影响因素，家长在进行机构之间的比较时，会把价格、师资、规模结合起来看，所以定价过高或过低都不合适。

考虑服务对象家庭对于教育消费的能力与观念，有些家长并不想为早期教育投入过多，而有些家长则认为早期教育的投资很重要，观念与消费力的不同都会影响机构的收费。

第二节

早教机构的申办与招生

央视网2018年8月2日消息：自8月1日起，上海市3岁以下幼儿托育服务信息管理平台开始面向举办者、家长和管理者提供服务。记者在这一平台发现，除了可以查询相关申办流程，为举办者提供方便，更重要的是方便社会和家长对托育机构进行查询，包括机构的类型、服务的形式、收费标准等。上海市教委托幼工作处处长表示："我们会在网上公布，哪些已经经过我们审批，走完程序他可以运营招收小朋友入托了，那么这样老百姓就可以根据自己的需要到指定的点去登记入托。"

思考：如何你想要申报一家0~3岁婴幼儿早教机构，你知道需要具备什么样的资质，又需要走哪些申报基本程序吗？另外，早教机构申办成功后又该如何招生呢？

托育机构设置标准（试行）

一、早教机构的申办

早教机构的申办种类主要分为营利性与非营利性，具体划分可分为事业单位性质、社会服务机构性质、营利性质，其申办的主体包含社会组织、企业、事业单位和个人。

（一）基本条件

1. 人员要求

《托育机构管理规范（试行）》中规定：托育机构工作人员应当具有完全民事行为能力和良好的职业道德，热爱婴幼儿，身心健康，无虐待儿童记录，无犯罪记录，并符合国家和地方相关规定要求的资格条件。

（1）资格要求

托育机构负责人：负责全面工作，应当具有政治权利和完全民事行为能力，有大专以上学历、有从事儿童保育教育、卫生健康等相关管理工作3年以上的经历（各地方要求不尽相同，但是3年以上为基本要求，有些省市会要求更严格，如上海市要求托育机构的负责人要具有6年以上学前教育管理经历），且托育机构负责人岗位培训应合格。

保育人员应当具有婴幼儿照护经验或相关专业背景，受过婴幼儿保育相关培训和心理健康知识培训。

保健人员应当经过妇幼保健机构组织的卫生保健专业知识培训合格。

保安人员应当取得公安机关颁发的《保安员证》，并由获得公安机关《保安服务许可证》的保安公司派驻。

（2）人员规模要求

保育员：与婴幼儿的比例应当不低于以下标准，乳儿班1∶3，托小班1∶5，托大班1∶7。

保安人员：独立设置的托育机构应当至少有1名保安人员在岗。

各省、区、市对于机构中各岗位的人员要求会更加详细，上述都为基本要求。

2. 建筑、用地要求

建筑与用地的基础要求都需参考2019年修订的《托儿所、幼儿园建筑设计规范》（JGJ39-2016），各省、区、市在建筑、用地上也会在此基础上给出相关的政策与指示。

（二）法律法规

开办者在开办0~3岁婴幼儿早教机构时，需要了解0~3岁托育服务的各类政策法规，以保证申办合法合规。

1. 政策文件

（1）《国务院办公厅关于促进3岁以下婴幼儿照护服务发展的指导意见》由国务院办公厅在2019年5月9日发布，该文主要讲述了国家对于3岁以下婴幼儿照护服务发展的总体要求、主要任务、保障措施、组织实施以及促进3岁以下婴幼儿照护服务发展工作部门职责分工。

（2）《托育机构设置标准（试行）》《托育机构管理规范（试行）》这两个文件适用于经有关部门登记、卫生健康部门备案，为3岁以下婴幼儿提供全日托、半日托、计时托、临时托等托育服务的机构。各省、自治区、直辖市的卫生健康行政部门根据此标准制订具体实施办法。

（3）《托育机构登记和备案办法（试行）》：此办法主要规范托育机构的登记和备案管理，并适用于各类托育机构的登记和备案。

（4）《托儿所幼儿园卫生保健管理办法》：此办法适用于招收0~6岁儿童的各级各类托儿所、幼儿园。

（5）《关于养老、托育、家政等社区家庭服务业税费优惠政策的公告》：由财政部、税务总局、发展改革委、民政部、商务部 、卫生健康委联合发布，其中对提供托育服务的收入以及机构进行了税费优惠。

2. 行业标准

主要参考的行业标准为2019年修订的《托儿所、幼儿园建筑设计规范》（JGJ39-2016），里面涵盖对机构建筑、平面、设计、环境的诸多要求。

各地区情况不同，有的地区要求参考其他标准，如上海市人民政府在2018年4月28日发布的《关于促进和加强本市3岁以下幼儿托育服务工作的指导意见》的通知，在“深入推进托幼一体化工作”中提到，“鼓励有条件的区在新建配套幼儿园时，按照本市《普通幼儿园建设标准》（DG/TJ08-45）规定，落实托班的建设要求，满足举办托班的用房需求”。

3. 法律文件

除了我们熟知的《中华人民共和国未成年人保护法》《中华人民共和国教育法》《中华人民共和国食品安全法》等法律文件，《中华人民共和国民办教育促进法》中第一章第二条指出：“国家机构以外的社会组织或者个人，利用非国家财政性经费，面向社会举办学校及其他教育机构的活动，适用本法。”所以个人、社会组织等开办的0~3岁婴幼儿托育机构，开办者应参照、了解此法。

（三）登记备案[①]

1. 机构登记

举办事业单位性质的托育机构的，向县级以上机构编制部门申请审批和登记。

举办社会服务机构性质的托育机构的，向县级以上民政部门申请注册登记。

托育机构备案书及备案承诺书

举办营利性托育机构的，向县级以上市场监督管理部门申请注册登记。

登记要求：托育机构申请登记时，应当在业务范围（或经营范围）中明确托育服务内容。托育机构申请登记的名称中可包含“托育”字样。

2. 机构备案

托育机构应当及时向机构所在地的县级卫生健康部门备案，登录托育机构备案信息系统，在线填写托育机构备案书、备案承诺书，并提交以下材料扫描件：

（1）营业执照或其他法人登记证书；

（2）托育机构场地证明；

（3）托育机构工作人员专业资格证明及健康合格证明；

（4）评价为“合格”的《托幼机构卫生评价报告》；

（5）消防安全检查合格证明；

① 国家卫健委.托育机构登记和备案办法(试行)［Z］.2019.

（6）法律法规规定的其他相关材料。

提供餐饮服务的，应当提交《食品经营许可证》。

（四）申请流程

0~3 岁婴幼儿早教机构申请主要经历如下程序。

（1）开办者依据机构性质向有关部门进行登记，登记成功后向所在地的县级卫生健康部门备案，并填写、提供相关材料。

（2）等待卫生健康部门的审批，卫生健康部门在收到机构备案材料后，会在 5 个工作日内及时予以备案，同时按有关规定进行实际情况的核实与监管，当发现不符合有关规定和要求的，会在 15 个工作日内通知开办者说明有关情况，并向社会公开。

（3）在经卫生健康部门审批成功后，托育机构的有关信息会在相关网站公开，接受社会查询和监督。

（4）如果机构后续要变更备案事项，需要向原备案部门办理变更备案；如果机构要终止服务，应当妥善安置收托的婴幼儿和工作人员，并办理备案注销手续。

（5）在登记、备案成功后，机构可面向社会招生，并受各政府部门监督。

二、早教机构的招生

0~3 岁早教机构的招生工作大致分为编班工作、宣传工作，每所机构工作安排顺序不一样，有的机构首先进行机构人事招聘，然后根据机构的规模大小进行编班，在社区内进行宣传招生；有的机构在人事招聘结束后先结合规模大小进行宣传招生，而后再进行编班，确定每班负责人。不论何种顺序，开办者都需要结合自身实际情况与规模大小来安排。

（一）宣传工作

宣传工作在机构的招生阶段非常重要，像企事业单位、部队等面向本单位工作人员招生的机构，在本单位招生名额未满情况下会向社会开放招生，但他们的招生工作重心仍然是本单位工作人员子女，并不会将大量精力放在对外宣传上，多数不会面临招生困难的情况。但对于其他类型的早教机构，招生工作尤其是宣传工作至关重要，其宣传的效果会影响机构的招生规模和质量，所以需要合理运用资源和方法精准招生。

1. 招生范围与对象

从招生范围来看，机构在进行招生时，中、小型机构一般会依据自己的规模与服务半径制订本年的招生计划，所以在宣传时，大都是在已经规划好的区域内进行招生宣传；而规模较大的机构在招生时，除了本区域内就近选择的家长，还可能接待来自城市其他地区的家长，这时机构可能要考虑是否安排校车接送。从招生对象来看，除了看婴幼儿的年龄，还要看本机构的定位，不同定位的机构收费标准上就会有差异，尤其是营利性机构，面对不同定位还要考虑不同收入层次的家长，有针对性地进行宣传。

2. 招生简章

对于家长来说，招生简章是一份包含早教机构现状与招生计划的图文并茂的纲要；对于机构来说，招生简章是机构的一张“名片”。也就说家长看到招生简章应该能从中对机构有一个简单全面的认识，机构则能在招生简章中凸显自己的特色与优势，以吸引家长做选择。所以一份完整的招生简章应包含以下几点内容。

机构概况：名称、成立时间、级别、类型、占地面积、幼儿在园数量、教职工数量等。

机构理念：宗旨目标等。

机构特色：编班设置、课程设置、教职工设置、环境设置等。

机构招生：招生年龄、招生对象、招生人数、收费标准、报名时间、报名地点、联系方式等。

3. 招生方法

（1）媒体宣传。媒体宣传包括电视、网络、广播、杂志、报纸宣传，特点是覆盖面广、信息送达速度快，能增加机构知名度，但这类广告的开销也大，比较适合于资本雄厚的大规模机构。

（2）定向宣传。像海报、传单、设置招生点都算作定向宣传，特点是针对性强、较媒体宣传相比开销少，在一定的范围内张贴海报、发放宣传单，有针对地发放给目标家长，并且设置招生点，可以让有兴趣的家长直接咨询，适合中小规模的机构。

（3）活动宣传。机构可以联合社区等进行活动宣传，如举办亲子展示等活动向外界展示机构的精神风貌与办园特色，吸引家长们的兴趣。

不论如何宣传，教育归根结底也不应该被过度包装，如果一家机构过度商业化包装，可能更容易引起家长们的顾虑。只要机构的保教水平高，家长自然而然地会把自己当作事例进行宣传，功夫还应下在平时，家长们对机构的认识是日积月累的，现在各个机构一般都会利用公众号、微博等平台进行活动的记录与宣传，当家长们看到了机构的水平，家长就会自然而然地关注、分享机构的招生动态。

（二）编班工作

1. 规模与人数

根据我国卫健委颁发的《托育机构管理规范（试行）》可知，每个早教机构编班规模、班级人数参考表 2-5、表 2-6。

表2-5 早教机构规模

规模	小型	中型	大型
班级数量（个）	1~3	4~7	8~10

表2-6 早教机构每班人数

班别	乳儿班（6~12月）	托小班（12~24月）	托大班（24~36月）
人数	10人以下	15人以下	20人以下

2. 编班要求

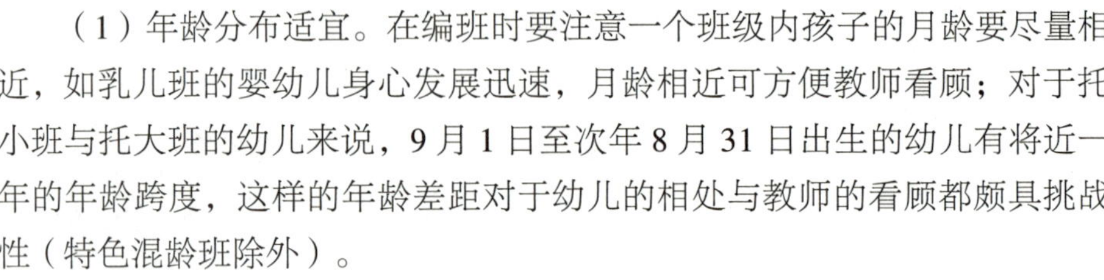

（1）年龄分布适宜。在编班时要注意一个班级内孩子的月龄要尽量相近，如乳儿班的婴幼儿身心发展迅速，月龄相近可方便教师看顾；对于托小班与托大班的幼儿来说，9 月 1 日至次年 8 月 31 日出生的幼儿有将近一年的年龄跨度，这样的年龄差距对于幼儿的相处与教师的看顾都颇具挑战性（特色混龄班除外）。

《托育机构登记和备案办法（试行）》及上海市托幼一体化试点报道

（2）性别比例均衡。编班时应尽量保证托班班级内的幼儿性别比例均衡，促进幼儿的社会性发展和对性别的认识。

（3）考虑幼儿性格特点。建议在编班前应询问家长幼儿的性格特点，再选择性格合适的配班教师，这样教师在管理班级和看顾幼儿时能更加得心应手。

（4）家长层次均衡。在编班前，应提前了解家长的受教育水平、教养方式，这样也可以促进家长之间交流育儿方法与心得。

（5）群体均衡。有企事业单位、部队、机关等设置的早教机构，除了招收单位人员子女，还可向社会开放，招收附近居民子女。除此之外，各机构在招收时还应充分考虑进城务工人员随迁婴幼儿的照护服务需求，为其提供照护服务。

（6）考虑并调度好特殊需要的幼儿。在面对特殊需要儿童时，除了要选好配班老师与给予更多照顾外，班级负责人还应与其他家长协商好，避免日后个别家长的不理解，引起班级管理矛盾。

本章回顾

本章主要围绕早教机构创办，对机构的选址与定位、申办与招生进行了详细阐梳理。其中重点是了解早教机构选址的环境要求，包括对内部环境与外部环境的要求；了解机构定位的内容；掌握早教机构的创办程序与招生内容；掌握招生简章中的要素，能够将机构情况图文并茂地呈现在招生简章中，体现机构特色；掌握多种招生宣传方法，运用多种途径对机构进行宣传。

思考与训练

1. 假如你是开办者，你打算开办一个多大规模、什么性质的 0~3 岁婴幼儿早教机构？你将如何进行选址？会提供哪些服务？说说你的构想。

2. 申请一家 0~3 岁早教机构都需要什么审批材料？申办程序是什么？

实操实训

1. 依据所学画一幅你构想的机构设计图，内容包括机构的外观设计、周围环境情况，最好能体现出机构特色。

2. 假如现在你要为早教机构招生，请撰写一份具有特色的招生简章并模拟招生过程及思考如何应对家长的问题。

搜索引擎

1. 上海市人民政府办公厅于 2018 年 4 月 28 日印发《上海市 3 岁以下幼儿托育机构管理暂行办法》。

2. 上海市人民政府于 2018 年印发《关于促进和加强本市 3 岁以下幼儿托育服务工作的指导意见》。

推荐阅读

1. 张莅颖，刘海燕，佟秀莲 . 幼儿园组织与管理［M］. 北京：北京师范大学出版社，2018.

2. 时松 . 幼儿园管理［M］. 北京：北京师范大学出版社，2015.

3. 张燕 . 幼儿园管理［M］. 北京：北京师范大学出版社，1997.

第三章
早教机构的人事管理

早教机构人事管理的对象包括综合管理、保育教育、卫生保健、安全保卫等工作人员，在本章中主要探讨早教机构教师的人事管理。首先，我们应了解早教机构师资应具备的要求、知道如何选拔出合格的师资；其次，我们应掌握如何利用各种管理方法和原则以达到个人和团队最优化；最后，我们会知道如何对教师进行培养和培训，让教师队伍保持活力。

早教机构教师人事管理是指，面向早教机构教师群体制定的一套规定了教师内部人与事的一些基本行为准则或标准的规则，究其本质便是对教师这一重要资源配置过程的规范化管理，具体而言可以分为以下两个主要方面：①早教机构教师的“进人”“退出”和“晋升”过程的规范，即对早教机构教师准入、退出、聘用与奖惩考核等过程的规范；②早教机构教师基本待遇（薪酬待遇、培养培训等）的管理规范。[①]

---

①张安然，王默．“人事代理”：一种非在编幼儿园教师人事管理的新模式［J］．教师教育研究，2015（4）：21-26.

教学目标

1. 了解早教机构教师应具备的能力与素质。

2. 掌握早教机构选拔和管理教师的方法，掌握早教机构人事管理的具体内容。

3. 能结合实际情况组织教师培训学习，并尝试模拟早教机构的人事管理。

教学重难点

学习重点：为早教机构选拔适宜的教师并定期组织教师进行培训学习。

学习难点：稳定教师队伍，做好机构的人事管理工作，确保整个机构平稳运行。

思维导图

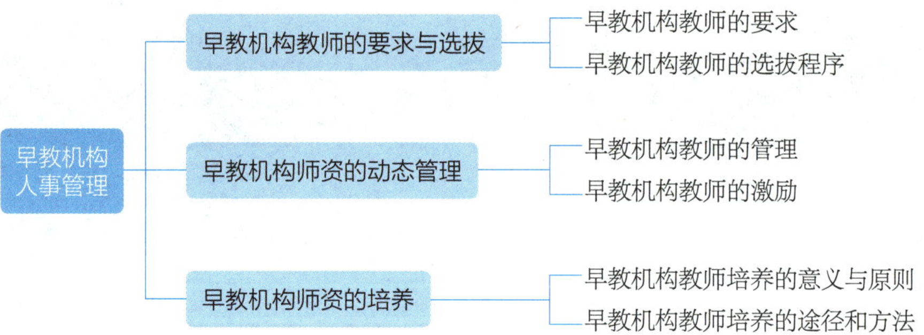

第一节

早教机构教师的要求与选拔

在早教机构人事管理中，建设一支适合 0~3 岁婴幼儿早期教育发展的、需要的教师队伍，特别是要建设一支数量大、层次高、能力强、后劲足的教师队伍至关重要，可以说组建一支高素质、团结奋进的教师队伍是其基础与核心。因此，掌握早教机构教师应具备的基本素质与专业知识，掌握如何选拔出具备资质的、合格的师资十分重要。然而早教机构中的老师在现实中的样态却不尽然。某日下午两点四十分左右，某早教机构园长巡视到某一班级，看见当班老师坐在椅子上发呆，班上的孩子有的喝水，有的在地上走来走去，有的正在努力地穿衣服，有的正在穿鞋子（不会系鞋带），甚至有几名婴幼儿抱着衣服在等着老师过来帮助穿衣服，显然老师没有认真地组织照顾孩子，而是想着与工作无关的事情。①

思考：早教机构教师在工作期间应遵循哪些规定？早教机构教师应该具备什么素质？如何选拔出合格的教师？

一、早教机构教师的要求

（一）早教机构教师的从业标准

1. 早教机构教师的职业资格

近年来，国家越来越重视早期教育，卫生部、教育部出台了《托儿所幼儿园卫生保健管理办法》《国务院办公厅关于促进 3 岁以下婴幼儿照护服务发展的指导意见》《国家卫生健康委关于印发托育机构设置标准（试行）和托育机构管理规范（试行）的通知》等关于早期教育的相关文件，但是目前暂未有政策文件对早教教师的职业资格提出规范与标准。在早期教育职业资格认证制度推出之前，要想成为一名合格的早教老师，就应该具备《幼儿园教师资格证》和《育婴师资格证》。我们应重视对早教机构教师资格的审查，注重教师的专业素质，提高早教机构教师的准入门槛，把好早教机构教师的“入门关”。

2. 早机构教师的工作职责

职责是职务与责任的统一，由工作范围和相应的责任两部分组成。工作职责的清晰界定可以最大限度地实现劳动力的科学配置，有效地防止因职务重叠而发生的工作纠纷，提高内部竞争活力，更好地发现和使用人才。工作职责也是对员工进行考核的依据，对员工的工作职责履行情况进行考核，可以提高工作效率和工作质量，规范操作行为，有效减少违章行为和违章事故

① 文红欣.幼儿园组织与管理[M].北京：教育科学出版社，2012.

的发生。[①]

关于早教机构教师的具体工作职责，目前暂无相关政策文件对其做出规定，但我们可以参考《幼儿园工作规程》里幼儿园教师的岗位职责，来明确早教机构教师应承担的工作职责，下面列举了某一早教机构对其教师工作要求，即早教机构教师岗位职责与工作要求，以供大家参考。

（1）为人师表，举止端庄，仪表整洁大方，讲文明，有礼貌；

（2）不迟到，不早退，每天上岗前做好一切准备工作；不串岗，不离岗，不与家长闲聊，上岗期间关闭手机；

（3）热爱孩子、尊重孩子，态度和蔼可亲，对待所有家长、孩子一视同仁，热情接待，微笑服务；

（4）热情接待家长来访或电话咨询，及时记录，做好日常的宣传招生工作；

（5）认真备课，准备好相应教具玩具，精心组织教学活动，保证教学质量；

（6）及时做好相关的登记、教案、观察记录、教育笔记、家长反馈及档案工作；

（7）保管好教具玩具和设施，避免丢失、损坏，严禁个人借用；

（8）在园长的支持、协调下，组织好各项对外活动；

（9）定期向园长汇报工作完成情况及工作业绩；

（10）积极参加业务学习、接受业务培训，认真完成园长安排的其他工作。[②]

（二）早教机构教师的素质与能力

1. 早教机构教师的基本素养

《国家卫生健康委关于印发托育机构设置标准（试行）和托育机构管理规范（试行）的通知》指出托育机构工作人员应当具有完全民事行为能力和良好的职业道德，热爱婴幼儿，身心健康，无虐待儿童记录，无犯罪记录。

（1）品德素养

早教机构教师的思想品德包括其信仰、价值观和道德。0~3 婴幼儿身心尚未成熟，处在快速发展阶段，并且具有易受影响、可塑性强等特点。作为与婴幼儿朝夕相处的早教机构教师，一方面，应该具备科学的信仰和世界观，坚持马克思列宁主义和中国共产党的领导，自觉抵制不良思想的影响，向幼儿传播积极正面的知识；另一方面，应该具有高尚的道德品质和优良作风，尊重领导、团结同事，为幼儿树立良好的榜样；此外，教师应该热爱早教这

① 万迪人，谢庆.0~3 岁婴幼儿早期教育事业发展与管理[M].上海：复旦大学出版社，2011.
② 万迪人，谢庆.0~3 岁婴幼儿早期教育事业发展与管理[M].上海：复旦大学出版社，2011.

一专业、热爱自己的工作、热爱婴幼儿，并把早教事业当成自己一生的奋斗目标。婴幼儿虽然年纪较小、认知水平较低，但是他们也是独立的、有意识的个体，教师应当以平等、尊重和热爱的态度对待婴幼儿，为婴幼儿营造一个温馨、和谐、安全和舒适的心理环境，让他们感受到托幼机构是一个可以依赖的、安全的地方。

（2）文化素养

0~3 岁婴幼儿正处于好奇心和求知欲特别强的阶段，他们总是会问各种问题来满足自己的好奇心，这些问题不仅涉及的范围非常广，还比较稀奇古怪。此外，早期教育这一学段的教师不是仅仅教授某一单独的学科，而是把各个领域融合起来。因此，早教机构教师要具备渊博的社会科学知识和自然科学知识。

（3）身心健康

身心健康是现代早教机构教师的一个必备条件。早教机构教师的劳动工作具有繁重性和艰巨性的特点，这就要求他们必须有健康的身体，保证以充沛的精力投入教育教学中；并且在如此紧张忙碌的生活中，到处都充满激烈的竞争以及来自上级、家长、自身发展等各方面的压力，早教机构教师如果没有较强的心理承受能力和心理适应能力，将无法胜任工作，既影响幼儿的身心正常发展，还会降低其自身的生活质量，因此良好的身心品质是早教机构教师工作的保障。①

2. 早教机构教师的专业知识与能力

关于早教机构教师应具备哪些专业能力这一问题，一位资深的早教机构负责人坦率地讲：我要求教师“孩子喜欢你、家长信赖你、领导放心你”；“开学第一天就能叫出宝宝的名字”；“五分钟就能让哭闹的宝宝平静来”；“了解孩子、了解孩子的家庭”；“组织的活动孩子和家长都喜欢”。②表 3–1 指出了早教机构教师应具备的具体的专业知识与能力。

① 刘云艳. 幼儿园组织与管理[M]. 北京：中央广播电视大学出版社，2012.

② 万迪人，谢庆. 0~3 岁婴幼儿早期教育事业发展与管理[M]. 上海：复旦大学出版社，2011.

表3-1 早教机构教师的专业知识与能力

组成部分	具体要求
理论知识	生理解剖特点及其各年龄段的生长发育特点和规律
	心理发生、发展的特点（涉及感知能力、记忆能力、想象能力、注意力、思维能力、 自我意识、情绪情感、意志力、气质特征、言语能力以及人际交往能力等特点）
	营养学基本知识（涉及不同年龄阶段需要的热量的比例、营养结构、膳食营养与配餐等科学常识）
	免疫特点及预防接种常识（涉及不同月份可能出现的疾病、注射什么疫苗以及该年龄阶段传染病的防治等科学常识）
	教养的相关理论（涉及对早期教育的正确认识、科学保教的重要意义、该年龄段儿童的教育特点和教育内容、教育原则和教育方法等相关理论知识）
	法律法规知识（涉及宪法、教育法、教师法、幼儿园教育指导纲要、幼儿园工作规程、幼儿园管理条例、未成年人保护法、食品卫生法以及母婴保健等方面的法律法规的常识）
卫生保健工作	健康检查和档案（建立婴幼儿健康检查制度和婴幼儿健康卡或档案）
	卫生与疾病（建立患病婴幼儿用药的委托交接制度；建立传染病预防和管理制度；建立卫生消毒、晨检、午检制度和病儿隔离制度）
	食品安全（提供安全卫生的食品，编制营养平衡的婴幼儿食谱）
	体育活动（积极开展适合婴幼儿的体育活动，有计划地锻炼婴幼儿肌体，增强身体的适应和抵抗能力）
教育教学活动	教育教学活动设计的原则（尊重规律；全面发展；因材施教；启发诱导；寓教于乐）
	教育教学活动中的要求（善于观察、耐心倾听；赏识教育；自由民主）
	教育教学活动的组织与实施（来源于生活；充分利用环境资源；以游戏活动为主要形式；提供丰富多样的教育活动）

二、早教机构教师的选拔程序

（一）早教机构教师选拔的原则

合理选人是合理用人的基础，为早教机构选拔优秀的教师是人事管理的第一步，在选拔早教机构教师时，可以参考《幼儿园工作规程》和上文“早教机构教师的要求”来进行，为机构建立一支高起点、高素质的教师队伍，保证整个早期教育的教育质量。具体来说，在选拔教师时应遵循以下几项原则。

1. 根据岗位选拔教师

早教机构管理者在招聘前要对教师岗位的工作性质加以分析，要明确需要招聘什么素质和能力的人才，按需求招聘教师，同时考虑机构已有教师学历层次、能力层次、年龄结构等因素，这样才能保证选聘的有效性。切忌因人设岗，要根据机构的运营的需求来选拔适宜的人才。

2. 选拔德才兼备的教师

早教机构管理者应善于发现那些有能力、积极上进，能胜任教学工作，能为机构的发展贡献力量的德才兼备的人才。在招聘时要秉着公正、公开、公平的原则，要克服和避免感情用事，否则会影响整个机构的团结，导致组织内部工作效率低下、给幼儿园的人事管理带来巨大的阻碍。

3. 选拔以幼儿为中心的教师

早教机构管理者应当招聘那些具有正确的儿童观，把婴幼儿看成一个独立、自由、发展的个体的人，选拔时要着重考察其道德品质，只有富有爱心、耐心、细心和责任心的人才能胜任早教老师这一职位。因此，在选拔早教机构教师时还应当注意避免以下问题。

第一，选人标准的偏差性。早教机构教师这一职业具有特殊性，它既需要教师具有音乐、舞蹈、画画和手工等方面的技能，又需要教师具备管理0~3岁幼儿的理论知识、具备在活动中的观察力、表现力和反应力。现在许多早教机构选人标准不全面，往往过分看重技能技巧，而对学习能力、个性特点、人格因素、教育能力以及专业的发展潜力等方面的考察关注不够，这将会影响教师队伍的可持续发展。①

第二，选人方法的片面性。某些早教机构选人方法过于简单，缺乏科学性，往往将一些不适合在早教机构工作的人选进来，影响早教机构工作成效和教育质量。为了全面考察人才，应采用定性与定量、口试与面试、试教与试用等结合的方法。②

第三，录用人选的绝对性。早教机构的性质决定了早教机构教师的职业要求具有一定的特殊性，教师的选用只是在所提供的教师总量中进行一种相对的挑选与甄别而已。因此，作为早教机构的管理者，应该明确，最优秀的教师是靠组织系统自身的育人环境与培养机制造就的。既要多途径、多渠道挖掘和选拔人才，更应重视在职人员的业务培训，鼓励教师接受继续教育，促进知识和能力的更新。③

（二）早教机构教师选拔的流程

在人才招聘工作中，挑选合适人才是一个关键的环节。这包括识别合格的申请者，以及剔除那些不合格的人；教师招聘一般要坚持“凡进必考”的

---

① 文红欣.幼儿园组织与管理[M].北京：教育科学出版社，2012.

② 文红欣.幼儿园组织与管理[M].北京：教育科学出版社，2012.

③ 文红欣.幼儿园组织与管理[M].北京：教育科学出版社，2012.

原则，这样才能找到当时相对理想的人选，并减少外来的压力。[①] 招聘师资包括以下几个阶段。

1. 准备阶段

（1）成立招聘小组。一般由机构管理层和骨干教师组成。

（2）制订招聘进度表。进度表包括：开始日期、招聘地点，选定并训练招聘人员，确定招聘准则（含招聘录用对象条件、招聘录用对象的区域范围），做好招聘活动预算。[②]

2. 宣传和发布阶段

（1）拟定招聘简章。这是招聘工作的大纲，起草招聘简章要实事求是，热情洋溢，体现出竞争力。

（2）发布招聘简章或广告。一般地说，招聘简章或广告的主要内容应包括：

①招聘职位、各职位的招聘人数以及应聘者的学历、经历、能力、年龄、特殊技能规定；

②吸收录用的方法和程序；

③报名时间、地点及报名审查的证件；笔试的科目、时间、地点；面试的时间、地点；笔试、面试的公布办法；

④报考费用及其他应该向报考对象说明的事项。[③]

3. 报名和资格审查

报名和资格审查，是吸收录用进入实质性的操作阶段，必须配备好工作人员，有条不紊地开展工作。

（1）报名。组织报名要注意几个问题：

①报名地点设置要符合交通方便、容易寻找、场所宽敞的要求，以避免报考人报名时寻找不到而延误报名时间和因报考人多而非常拥挤的情况出现；

②要配备和培训好工作人员，选配原则性强、责任心强、热情积极和具有专业知识的人员负责报名工作，报名前要对工作人员进行培训；

③做好各种须在报名时发放的资料准备和其他准备工作；

④印制《报名须知》，并张贴在报名场所的显眼处，以让报名人员遵从。[④]

（2）资格审查。资格审查是对报考人进行的第一次筛选，应当以严肃认真的态度进行。资格审查的主要内容包括：

---

① 江琴平，江旭红. 教育人事管理［M］. 杭州：浙江大学出版社，2006.

② 江琴平，江旭红. 教育人事管理［M］. 杭州：浙江大学出版社，2006.

③ 江琴平，江旭红. 教育人事管理［M］. 杭州：浙江大学出版社，2006.

④ 江琴平，江旭红. 教育人事管理［M］. 杭州：浙江大学出版社，2006.

①报考岗位所需资格的审查；

②证件审查，注意审查户口簿、毕业证等；

③审查报名者的近期、同版、正面免冠相片3张，分贴于《报名登记表》并存根。

（3）填写《报名登记表》。报名时，要清楚、详细地填写报名登记表，统一存档，以备查验。[①]

4. 考试与录用阶段

（1）考试。一般分两个层次进行。

①笔试。笔试是考核应聘者学识水平的重要工具。它可以有效地测量应聘者的基本知识、专业知识、综合分析能力和文字表达能力的差异。一般来说，在招聘中，笔试作为应聘者的初次竞争，成绩合格者才能继续参加面试或下一轮测试。笔试一般采用请有关专家出题的办法，并要事先向专家讲述这次招聘的目的，使专家们了解测试的目的，然后根据要求进行出题，以期所出试题具有科学性。

早教机构人员招聘面试试题

②面试。在选聘过程的所有步骤中，以面试为最重要。面试可以根据应聘者外貌、行为、个性、动机及教学能力等因素，决定他们是否适合。只有面对面的测试，才能洞察出那些经常会在工作的成功与失败之间产生出区别的个人品格。而应聘者也可以通过对提问的回答，对早教机构的宗旨、办校方针和实践等问题及如何应对有所了解。[②]

（2）确定录用名单。这里有两种方法：

①把笔试、面试结果按事先确定的比例进行汇总，从中择优确定录用名单；

②采用多重淘汰法。先笔试成绩淘汰再面试成绩淘汰。对全部考试内容通过者，再按最后的面试的实得分数排出名次，择优确定录用名单。确定初步录用名单之前，应根据录用的体格标准对求职者进行体检。[③]

（3）签订聘用合同

经招聘考核合格初步决定聘用的人员，还要由学校人事部门发函至其原工作单位、学习单位核实基本情况。确定聘用的人员到岗后三至六个月为试用期。试用期内如有不能胜任工作的立即予以解聘；试用期满者，由用人部门及时办理考核意见报请教育人事部门核准正式聘用；签订聘用合同。聘用期间享受的待遇按聘用合同书中的规定执行。[④]

① 江琴平，江旭红.教育人事管理[M].杭州：浙江大学出版社，2006.

② 江琴平，江旭红.教育人事管理[M].杭州：浙江大学出版社，2006.

③ 江琴平，江旭红.教育人事管理[M].杭州：浙江大学出版社，2006.

④ 江琴平，江旭红.教育人事管理[M].杭州：浙江大学出版社，2006.

拓展链接

早教亲子园教师队伍的建设

亲子园教师直接面对婴幼儿和家长，是机构内早期教育活动的组织者和实施者，教师的素质直接影响早期教育的质量。早教机构的教师素质分为角色、能力、职业标准三个维度，具体见下表。

表3-2 早教机构教师的素质要求①

维度	具体要求
对亲子园教师的角色要求	爱的传递者
	活动的组织者
	家园融通的沟通者
	早期教育的探索者
对亲子园教师的能力要求	精于细心观察孩子
	耐心倾听
	勤于肯定和欣赏孩子
	善于调动婴幼儿和家长共同参与活动
	善于运用充满爱意的非言语沟通
	善于运用自由、自主的教养方式
亲子园教师的职业标准	职业道德
	文化素养（以获得学前教育师范院校早期教育专业本科/大专毕业文凭为最佳，其次为幼儿教育专业大专毕业）
	专业技能（包括生活照料、日常生活保健与护理、教育活动设计与组织、家教指导与培训）
	学习与发展能力

第二节

早教机构师资的动态管理

早教机构的王老师通常给人一种大大咧咧、组织纪律性差、松散的印象。久而久之这种看法也影响到了王老师本人工作的积极性。园长立即找王老师谈话，但并没有给她处分，而是在日常工作中加强了与王老师的接触。园长发现王老师特别爱学习，并且每次都能将她学到的东西与园长讨论且有自己的认识、见解。鉴于此，园长把机构角色游戏交给王老师负责。王老师的角色游戏工作开展得有声有色，成为园内外观摩活动中必不可少的一部分。王

① 万迪人，谢庆.0~3岁婴幼儿早期教育事业发展与管理[M].上海：复旦大学出版社，2011.

老师至此保持着一种很好的精神面貌和很高的工作积极性，她的工作也得到了大家的一致好评。

思考：案例中王老师为什么会有这么大的转变？结合案例，你觉得早教机构管理者在任用和管理教师时有哪些注意事项和原则？

一、早教机构教师的管理

（一）早教机构教师任用的原则与策略

1. 根据教师的特点，把他们安排在合适的岗位

人才只有被使用才能创造价值，早教机构管理者要想用好人，就要把人放到机构需要并且适合他的位置上。因此早教机构领导者不仅要了解教师的专业知识、文化水平、业务能力，还要了解教师的个性、兴趣、经历、家庭环境等诸多因素，全面考察教师，根据教师的特点和机构的需要，为教师安排合理的职位，发挥教师的专长。

2. 把不同类型的教师组合在一起

早教机构的工作效率和工作质量，不仅取决于机构内部各个教师的能力与素质，还与教师之间的搭配和组合是否合理、科学密切相关。因此，早教机构在任用教师时，应充分了解各个教师的优势与不足，做到用人所长，避其所短；根据整个机构老师的人格、气质和能力特点等多方面进行搭配，优化人力组合，从促进优势互补的角度着手，组建结构合理的教师群体。

3. 相信教师，并把权力下放给他们

早教机构管理者要相信老师热爱婴幼儿、有端正的态度、有能力完成自己的本职工作，对教师的进步和优点要给予及时的表扬和鼓励，让他们感受到自己存在的价值，这会促进他们产生巨大的工作激情和动力。同时，管理者应该适当放权，给予教师一定的权力，尊重教师的自主性，激发教师的主动性，让他们明确自己的职责并忠于职守，进而激发出强烈的责任感和使命感。但需要注意的是，管理者放权并不等于完全放手，管理者需要把握大的原则和方向，当教师工作出现问题时，从多方面给予教师们支持，帮助他们顺利完成工作。

4. 教师的岗位要具有流动性

早教机构教师的任用是一个动态的过程，我们需要引入竞争和激励来保持教师队伍的活力。对于那些得过且过、消极怠工的教师要及时进行职位调整、警告或清退，对于那些能力强、素质高的年轻人要及时引进教师队伍。这样做一方面可以使教师们有危机感，促使自己端正工作态度、提高工作质量和效率，另一方面可以让教师在不同岗位得到锻炼、获得提高，找到最适合自己的岗位，探寻最优的人员组合模式。

（二）早教机构教师管理的制度

“无规矩不成方圆”，要想管理好教师队伍，就必须制定一些行为准则，做到奖罚分明，既体现管理制定的严格性、有效性，又可起到激励教师尽职尽责，建设奋发向上的工作集体的作用，让教师们的行为规范有章可循。

1. 劳动纪律制度

（1）树立全心全意为人民服务的思想，认真做好本职工作，上班集中思想，业务精益求精，克服出勤不出力的庸人主义思想；

（2）上班不做私活，不擅自会亲友，不打私人电话；

（3）上班时间严禁串班、聊天，要坚守岗位，未经领导批准不能随便调班，离开婴幼儿，离开工作岗位，如有发现，依旷工处理；

（4）工作人员严禁使用婴幼儿物品；

（5）不能强求家长为个人办事，如造成不良影响要严肃处分；

（6）为婴幼儿开餐要戴口罩和穿围裙；

（7）上班注意仪容要端庄大方，不能浓妆艳抹，不穿高跟鞋，不留披肩长发，不留长指甲，不戴戒指、耳环和手链；

（8）领操活动，上音乐课和体操时，教师要穿平跟鞋，体操课不穿裙装。①

2. 奖惩制度

（1）鼓励教职工关心早期教育机构，发扬当家做主的精神，凡被采用的合理化建议，视其贡献作用大小，给予适当的奖励；

（2）鼓励教师积极参加教研活动，积极撰写教育论文，凡被选用登载的，都将给予奖励；

（3）全勤的教职工每月发给全勤奖，迟到、早退、旷工、请假等，按奖励工资分配条例扣发工资奖金；

（4）凡出现事故，隐瞒不报，自作主张处理的，当成责任事故处理；

（5）出现责任事故扣发第一责任人当月全部奖励工资，其他责任人视情节轻重酌情处理；

（6）凡借用教具、图片、仪器等，因保管不慎造成损坏、遗失的，视情轻重、损失大小按价赔偿。②

3. 考勤制度

（1）全体教职工必须严格遵守作息制度，不迟到、不早退、无大事不随便请假；

（2）教职工因事请假必须经园长批准，病假销假时需提供医院诊断证

---

① 万迪人，谢庆. 0~3 岁婴幼儿早期教育事业发展与管理［M］. 上海：复旦大学出版社，2011.

② 万迪人，谢庆. 0~3 岁婴幼儿早期教育事业发展与管理［M］. 上海：复旦大学出版社，2011.

明，凡未请假或请假未经批准而离开岗位者按旷工论处；

（3）因事需临时调班，必须经保教主任批准，无大事不能随便调班；

（4）凡早期教育机构规定的学习教研活动时间及集体活动时间，晚到者以迟到论处，不到者(特殊情况除外)按旷工论处；

（5）当班或值班时间，一律不接待亲友，不接私事电话，不能因私事离开婴幼儿；

（6）1个月公布1次出勤，并将考勤列入奖惩、评比条例中。[①]

二、早教机构教师的激励

（一）早教机构薪酬体系的建立

早教机构管理者在进行人事管理时，若运用工资、福利、奖金、罚款等经济手段来约束教职工的行为，可以最大限度调动教师的工作热情；如果根据教师的付出来计算教师的工资，实行按劳分配的弹性工资制度，可以防止教师出现懒惰、消极怠工的现象；如果早教机构管理者引入绩效考核机制，营造一个充满竞争的氛围，可以最大限度地激发教职工的潜力。

1. 薪酬管理

薪酬管理包括对基本薪酬、绩效薪酬、奖金、津贴以及福利等薪酬结构的设计与管理，教职工福利是社会和结构保障的一部分，是工资报酬的补充和延续。主要包括政府规定的退休金或养老保险、医疗保险、失业保险、工伤保险、节日慰问等，以激励员工更加努力为机构工作。[②]

早教机构管理者应按照因事设岗、因岗定酬、按劳取酬、多劳多得、奖惩分明的原则设计薪酬制度，并进行月度、年度绩效核算与评估，将绩效核算与评估结果与工资挂钩。[③]

2. 工资收入

早教机构教师的工资应该包括结构工资、五险一金和其他福利三部分。

结构工资一般由岗位基本工资、效益工资、绩效工资的组成。结构工资在早教机构人事管理中属于“激励因素”，它可起到激发人的工作动机，使人产生一种内在的工作动力。岗位基本工资根据教师所担任的具体职务进行发放，一般不会有浮动；效益工资和绩效工资根据教师为机构发展所做贡献的大小、对工作的态度的积极与否，以及工作效率的高低等衡量，因此二者是浮动的，每位教师的效益工资和绩效工资往往有所差异。

五险一金中的“五险”指的是五种保险，包括养老保险、医疗保险、失业保险、工伤保险和生育保险，“一金”指的是住房公积金。五险一金属于

---

① 万迪人，谢庆．0~3岁婴幼儿早期教育事业发展与管理[M]．上海：复旦大学出版社，2011.

② 文红欣．幼儿园组织与管理[M]．北京：教育科学出版社，2012.

③ 万迪人，谢庆．0~3岁婴幼儿早期教育事业发展与管理[M]．上海：复旦大学出版社，2011.

人事管理中的“保健因素”，保健不能直接激励教师努力工作，但可以防止产生不满的工作情绪，可以维持教师最低的工作标准。

其他福利包括补贴(餐饮、住宿、交通、通信等)、加班工资、特殊岗位津贴等。[①] 其他福利也属于“保健因素”。补贴可以体现早教机构对教师的人文关怀，增强教师的归属感；为加班教师发放工资体现了按劳分配的原则，让教师乐于接受、高效优质完成管理者安排的工作；特殊岗位津贴充分考虑了教师工作的性质和内容，根据不同岗位设置工资，可以保证机构的每个岗位都有人愿意去，满足机构对教师多样化的需求。

3. 绩效考核

绩效考核是对组织成员在履行职责、完成工作任务及确保工作质量的情况进行检查评定。考核的方式有自评、群众互评及领导评价检查，应将这三者相结合，定期或不定期进行，并形成制度。[②]

早教机构教师绩效考核为教师的奖励、晋升、工作调配提供了重要依据，合理的绩效考核制度有利于调动教师们的积极性，提高教师的工作效率，增强教师队伍的生机与活力。教师绩效考核应该包括每年的学年工作考核和每月的月考核，以及不定期的考评、考察和考核，在绩效考核过程中，要明确考核的具体内容，描述客观且可操作，并对每项需考核的项目制定考评尺度。[③] 根据某幼儿园的教师绩效考核，制定了早教机构教师的绩效考核标准以供大家参考。具体内容见下表：

表3-3 早教教师岗位绩效考核表[④]

项目	标准	分值	自评	上级评估
德	热爱早教事业，履行教师职业道德规范。富有爱心、责任心、耐心和细心；用真诚的微笑向家长及婴幼儿传递尊重、信任、关怀的信息			
	关爱婴幼儿，重视婴幼儿身心健康，将保护婴幼儿生命安全放在首位			

① 万迪人，谢庆. 0~3岁婴幼儿早期教育事业发展与管理[M]. 上海：复旦大学出版社，2011.
② 万迪人，谢庆. 0~3岁婴幼儿早期教育事业发展与管理[M]. 上海：复旦大学出版社，2011.
③ 朱媛. 幼儿园组织与管理[M]. 成都：西南交通大学出版社，2016.
④ 阳泉市矿区新蕾幼儿园《幼儿园各岗位绩效考核表》。

续表

项目	标准	分值	自评	上级评估
德	尊重婴幼儿人格，维护婴幼儿合法权益，平等对待每一个婴幼儿。不讽刺、挖苦、歧视婴幼儿，不体罚或变相体罚婴幼儿			
	自尊自信，言谈举止为婴幼儿做表率。衣着得体，不穿奇装异服，工作时不浓妆艳抹，不戴戒指，不穿高跟鞋，长发不披肩			
	正确对待家长的抱怨，属于自己工作的失误能勇于承担并积极改进			
能	熟知本岗位职责，按照标准化的流程进行工作			
	遵循婴幼儿身心发展特点和保教活动规律，制定适合本班婴幼儿年龄特点及发展水平的学期、月、周、日工作目标和计划			
	将游戏作为婴幼儿的主要活动，重视环境和游戏对婴幼儿发展的独特作用，创设富有教育意义的环境氛围。合理利用资源，提供和制作合适的玩教具和学习材料			
	发挥生活活动的教育功能，帮助婴幼儿形成良好的生活常规意识及良好的行为习惯，培养婴幼儿的自理能力			
	教学中以婴幼儿为主体，充分调动和发挥婴幼儿的主动性，注重婴幼儿三大系统的建构			
	与婴幼儿共同创设与教育相适应的环境，主题墙饰高度适合婴幼儿			
	坚持上午、下午各一小时的户外活动，积极组织户外体育活动			
	信任婴幼儿，尊重个体差异，主动了解和满足有益于婴幼儿身心发展的不同需求，促进所有婴幼儿在原有水平上得到提高			
	积极参加教研活动，研究婴幼儿，了解婴幼儿成长规律，提升保教工作专业化水平；坚持实践、反思、再实践、再反思，不断提高专业能力			
	组织好婴幼儿园举办的各项大型活动，科学安排半日开放活动。熟知婴幼儿园的安全应急预案，掌握意外事故和危险情况下婴幼儿安全防护与救助的基本方法			
	利用“家长作业”做好家长工作，挖掘家长这一教育资源并发挥其作用			
	有效运用观察、谈话、家园联系、作品分析等多种方法，客观地、全面地了解和评价婴幼儿			

续表

项目	标准	分值	自评	上级评估
勤	坚守岗位，工作时间不干私活、不接私人电话			
	事假			
	病假			
	加班			
绩	婴幼儿出勤率85%以上			
	家长满意率90%以上			
	在婴幼儿园举办的活动中取得突出成绩			
	撰写的论文在区、市、省获奖或在各类杂志发表			

（二）早教机构教师积极性的调动

在早教机构教师的职业生涯中，职业倦怠是普遍存在的，可能出现在任何一个阶段，只是每个阶段程度不同而已。职业倦怠不仅影响教师的身心健康，而且影响教师工作的积极性、主动性、创造性，长期下去会影响教师职业晋升，进一步影响早教机构的健康运转。因此，找出教师产生职业倦怠的原因，采取有效措施预防教师职业倦怠的产生，并采取有效措施激发教师工作的积极性，对于早教机构的人事管理来说至关重要。

1. 早教机构教师职业倦怠感的预防

（1）给予教师外部支持

早教机构教师长期和0~3岁的婴幼儿在一起，与成年人的交流与互动较少，因此他们的合群需要和获得支持的需要得不到有效满足。因此，为早教机构教师提供外部支持是至关重要的，它包括来自机构管理者和婴幼儿家长的理解和支持。

一方面，早教机构管理者要关注教师的身心需求，对教师保持合理期望。管理者应当积极向教师们传授自己的工作经验，当教师工作遇到瓶颈时，要及时给予教师支持，满足他们的合理需求，同时，允许教师犯错，当他们工作出现纰漏时，要多一分耐心，减少教师的心理压力。另一方面，婴幼儿家长要理解教师的辛苦、相信教师工作的专业性，当出现问题时，家长应当理智对待，给予教师多一分宽容。因此，无论是早教机构管理者还是家长，都应当支持教师的工作，充分信任教师，只有这样教师才能尽职尽责、全身心投入教书育人的工作中。

（2）给予教师奖励和发展机会

早教机构教师工作内容繁杂、工作任务艰巨，他们身心长期处于紧张的状态，容易引发职业倦怠。因此，肯定教师的工作成绩，及时给予教师鼓励和发展空间显得尤为重要。

对教师的奖励分为物质奖励和精神奖励。物质奖励和精神奖励分别满足教师的生理和心理需求。物质奖励包括奖金、奖品、证书等，精神奖励包括表扬、进修等。在对教师激励时要考虑教师需要的实际特点，把物质激励与精神激励有机地结合起来，过分依赖物质激励，会使激励失去本身的意义；同样，一味强调精神激励，会使教师觉得虚无缥缈，失去积极性，达不到激励的效果。

教师专业发展的机会越少，产生倦怠的可能性就越高。管理者要在园内创设不断学习、积极进取的浓厚氛围，形成一个学习的共同体，鼓励教师相互学习，共同提高。在提高教育教学技巧的同时也要为教师的继续学习创造条件，同行间进行深入交流和积极的批判性反思，又借助对教学经验的反思来提高教学能力，调整自己的情绪和教学行为，从而促进教师心理的健康。①

（3）引导教师自我调节

首先，早教机构管理者应当引导教师树立正确的信念和价值观，以面对压力和职业倦怠等问题；其次，告诉教师职业倦怠是非常正常和合理的，面对职业倦怠时，教师要勇敢面对现实，反思倦怠的来源；最后，机构应当教给教师一些应对职业倦怠的方法，如寻找同伴的帮助、专家的引领，学会正确认识自己、评价自己、接纳自己等。教师在接受相关培训学习后，增加了自己的专业知识，那么当职业倦怠出现的时候，自身便可及时识别，并主动采取相应的措施，缓解自身的职业倦怠。

2. 调动早教机构教师积极性的策略

（1）满足教师的合理需求

首先，要满足教师基本的生活条件需要。随着社会的进步、经济的发展，人们的物质生活水平越来越高。早教机构管理者要尽量提高教师的工资待遇和奖金福利，帮助教师们解决生活上的后顾之忧。教师的衣食住行得到良好的保障以后，他们才能把自己的注意力放到教育教学上来，才会齐心协力来促进早教机构的有效运转。

其次，要满足教师自我实现的需要。每个人都渴望得到他人的赞美，都渴望取得成功，都渴望实现自己的价值。早教机构管理者要善于发现教师的闪光点、要及时肯定教师取得的成绩，同时还要为教师自我实现创造条件，把教师安排在合适的、能充分发挥其特长的工作岗位上，委以重任为其提供施展才能的机会。

再次，满足教师学习进修的需要。随着社会的进步，人们普遍树立了终身学习的观念。早教机构教师面对的是身心处于快速发展的婴幼儿，他们需要不断地进修学习，以提高自己的专业水平、促进自己的专业成长。早教机构管理者不仅要支持、鼓励教师进行自主学习和进修，而且应当为

① 刘云艳.幼儿园组织与管理［M］.北京：中央广播电视大学出版社，2012.

教师提供园本培训、校外培训等进修机会，不断提升教师的能力，保持教师队伍的活力。

最后，满足休闲娱乐的需求。现代社会生活节奏越来越快、生活压力越来越大，因此人们对休闲娱乐的需求也越来越大。早教机构教师每天的工作都处于紧张的状态，他们的身心往往十分疲惫。早教机构管理者应当重视教师的休闲娱乐，一方面，不轻易占用教师的下班时间，让教师能自由支配自己的业余时间；另一方面，管理者应当定期组织休闲娱乐活动，例如周五下班组织教师们看一场电影，在这些娱乐活动中，教师们不仅可以陶冶情操、放松身心，而且可以增加教师们之间的交流和凝聚力。

（2）增强教师归属感

首先，要关心、体谅教师。每个人都有犯错的时候，当教师在工作中出现失误时，管理者应当多一分耐心，帮助教师寻找问题的原因，为教师解决问题提供帮助，让教师感受到自己是被关心、被爱护的。

其次，要尊重、信任教师。每个人都有自己的独特之处，早教机构管理者不仅要尊重教师的人格，还要尊重教师个性、兴趣、志向等，以包容的心态对待每一位教师，充分了解每位教师的长处与不足，做到用人所长、避其所短；还要相信每一位教师都是爱孩子的、都能很好地完成自己的工作、都能在自己的岗位上不断进步。

最后，要欣赏、赞美教师。早教机构管理者要有一双善于发现的眼睛，要留意教师的进步之处、观察教师所做的贡献、发现教师的优点和长处，并及时给予肯定和表扬，真诚而具体的赞美教师的过人之处。用正面激励的方式激发教师在工作中的热情和动力。

（3）制定明确的工作目标

理论研究和管理实践都表明，工作目标具有激发和维持工作动机、指导行为、增强工作积极性的作用，当我们确立了某种目标后，人们开始朝着目标努力，最终达到目标，取得成功。①

一方面，要制定早教机构发展目标。早教机构管理者要与教师协商，制定出机构的长期发展目标，让教师看到本机构未来的发展方向和发展前景。让教师参与本机构发展目标的制定，有利于激发教师的主人翁意识和责任感，让教师自愿齐心协力为实现该目标而奋斗。

另一方面，要制定个人发展目标。教师在制定个人目标时参考机构的发展目标，将机构的利益与自己的利益有效结合起来。教师在努力实现个人目标的过程中，不仅促进了自身的不断成长、进步，而且有利于机构的长远发展。

---

① 刘彩莲，龚欢，王卫红.幼儿园组织与管理[M].北京：中央广播电视大学出版社，2016.

（4）激励教师参与机构管理

早教机构中最珍贵的人力资源是教职工，管理者要努力营造民主的管理氛围。让教师们参与到早教机构的计划、决策等重大问题上来，既能吸取民众的智慧，让决策更加科学、合理；又能增强教师们的主人翁意识，激发工作的责任感和使命感。因此，早教机构管理者在决策的过程中，要鼓励教师参与其中，增强决策的民主性和科学性。

（5）合理评估教师绩效

一方面，要及时表扬、肯定教师的工作成绩。作为早教机构管理者，不能只盯着教师身上的缺点和问题，这种行为会让教师产生厌恶、逆反的心理。管理者不仅要关注到教师的成绩和进步，而且要真诚、具体地对教师的优点进行表扬，发挥表扬对人的激励作用。

另一方面，要正确运用奖励和惩罚手段。早教机构的奖惩制度，主要是对利于实现机构整体目标的行为给予肯定、表扬和奖励，对相反的行为给予否定、批评和适当的劝阻与惩罚，奖惩制度能够给教职工产生导向作用，达到奖勤罚懒、打破平均主义的目的，在运用奖惩制手段时要注意以下几点：以奖励为主，批评处罚为辅、物质奖励与精神奖励相结合、奖励集体和奖励个人相结合、多元化的标准衡量教职工，让每个人都有获得荣誉的机会。①

拓展链接

有研究者发现教师的倦怠有四个可解释的维度，分别为：情感耗竭、精力枯竭躯体化、幼儿教师职业失意、职业倦怠。其中，教师职业生涯的倦怠可分为七个阶段，如下表：

表3-4 教师职业倦怠的阶段②

时间	阶段
0~2年	激情适应期
3~6年	成长选择期
7~9年	胜任平稳期
10~12年	更新冲突期
13~18年	平稳停止期
19~25年	复发危机期
26年以上	离职消退期

① 刘云艳.幼儿园组织与管理[M].北京：中央广播电视大学出版社，2012.

② 赵娜，秦金亮.幼儿教师职业生涯周期的职业倦怠研究[J].教师教育研究，2007（3）：72-76.

第三节
早教机构师资的培养

某早教机构的混合实验班配备了一套蒙台梭利教具，但没有一名老师懂得正确的使用方法，所以园长决定派两名老师到美国蒙台梭利训练班学习。这是一次难得的机会，不仅可以开眼界，而且可以学到一项技能，受到早教机构的重视。消息一传开，老师们议论纷纷，究竟谁能成为幸运儿呢？最后由园领导决定，派陈老师和黄老师，加上园长三人同去美国。决定宣布后，许多老师感到不平衡，尤其是一些教龄较长的老教师，他们认为：论经验、论贡献，自己都比那两名老师强，园领导派他们去肯定是背后拿了他们的好处，要不就是这两名老师会拍马屁。其实，园领导派这两名老师是有充分理由的：他们年轻，有干劲，学习能力强。但由于没有做好细致的思想工作，使得好事变成了使早教机构人心涣散的坏事。①

思考：本案例中，为什么其他老师会有怨言？假如你是园长，如何处理这种局面？这个案例给了你什么启示？早教机构管理者在组织教师进行进修培训时应注意哪些事项？

一、早教机构师资培养的意义与原则

（一）早教机构教师培养的意义

随着社会对早期教育关注度的提高，早教机构老师也随之被寄予了很高的期望。他们不仅要具备婴幼儿学习与发展的理论知识、还要掌握保育学、卫生学的相关知识。早教机构想要维持教师队伍的活力，就必须及时地对教师进行培养培训。教师培养包括职前培养和在职培养，在本节中我们主要探讨的是教师在职培养的相关问题。

1. 弥补教师职前教育的不足

早教机构教师所接受的职前教育主要是理论知识的学习和技能技巧的训练，虽说理论是实践的基础，但是理论和实践也存在着巨大的差异，职后教育不仅可以不断改进和完善职前教育，而且能够弥补职前教育偏理论的不足。同时，社会的日新月异也要求教师们不断更新教育观念，掌握最新的理论知识、教育教学方法等，以适应新时期早期教育的需求。

2. 提高教师对职业地位的认同

职业地位的认同取决于其职业专业化程度、特有的贡献、国家及社会舆论的关注等多种条件，其中教师群体的专业化程度是提高职业地位认同的最

---

① 文红欣.幼儿园组织与管理[M].北京：教育科学出版社，2012.

重要的条件。[1] 然而在很大一部分人看来，早教机构教师就是照顾孩子，和保姆并没有太大差异，这一情况严重地损害了教师工作的积极性和热情。因此，要加强对教师的专业培训、提升教师的专业知识和专业技能，让早教教师赢得社会的尊重与认可，帮助老师建立其自尊心和自信心。

3. 满足教师人生价值实现的需求

当婴幼儿学会了一个新知识、掌握了一项新技能时，教师就会获得满足感和价值感。只有专业化的老师，才能在与婴幼儿的互动中给予正确的反馈和恰当的引导，不断促进婴幼儿身心的健康发展。而婴幼儿的成长与进步又有利于教师获得幸福感、成就感和价值感。这些能有效促进教师不断提升自己的专业能力，促使教师实现其人生价值。

拓展链接

托育机构的人员管理[2]

第三十三条　托育机构工作人员应当具有完全民事行为能力和良好的职业道德，热爱婴幼儿，身心健康，无虐待儿童记录，无犯罪记录，并符合国家和地方相关规定要求的资格条件。

第三十四条　托育机构应当建立工作人员岗前培训和定期培训制度，通过集中培训、在线学习等方式，不断提高工作人员的专业能力、职业道德和心理健康水平。

第三十五条　托育机构应当加强工作人员法治教育，增强法治意识。对虐童等行为实行零容忍，一经发现，严格按照有关法律法规和规定，追究有关负责人和责任人的责任。

第三十六条　托育机构应当依法与工作人员签订劳动合同，保障工作人员的合法权益。

（二）早教机构教师培训的原则

1. 长期性原则

随着社会的发展，越来越多的人树立了终身学习的观点，早教机构教师要不断学习相关的理论与实践知识才能有效适应婴幼儿发展的需要。因此，早教机构管理者要制定长期的、持续的教师培训计划，确定长期培训的实施方案，满足教师长远发展的需要。

2. 实用性原则

早教机构管理者在选择培训内容和设置培训课程时，必须考虑教师的实

---

① 刘云艳. 幼儿园组织与管理［M］. 北京：中央广播电视大学出版社，2012.

② 国家卫健委. 托育机构管理规范(试行) ［Z］.2019.

际工作需求，教师只有真正需要这些知识和技能时，才能达到良好的培训效果，才能够实现工作绩效的改善和工作效率的提高。同时还要考虑教师的接受能力，培训的方法要灵活多样、合理适用，坚持培训的实用性和有效性。

3. 因材施教原则

早教机构管理者在组织教师培训时，应充分考虑其差异性。一方面要考虑教师个性、能力、兴趣、经验等因素 ，另一方面要考虑教师实际所处的岗位。根据教师的个性特征和岗位差异来选择合适的培训途径和方法。

二、早教机构师资培养的途径和方法

（一）早教机构教师培养的途径

1. 教科研活动

早教机构管理者可以组织教师们针对教学事件中遇到的问题，例如教师与婴幼儿有效互动的策略，开展教学研讨活动，这些活动可以提高教师发现问题、提出问题、分析问题和解决问题的能力。[①] 同时可以开展一些园本专项研究来增强教师的研究意识和反思意识，提高教师的综合素质。[②]

2. 观摩活动

观摩活动是一种以相互学习、相互促进为目的的教学交流活动。通常由优秀教师个人备课或集体备课，之后由一名或几名教师组织活动或上课，其他教师看、听，并进行评价分析。[③] 早教机构管理者应充分重视观摩活动的组织和参与，引导教师对观摩的内容进行分析、评价，学习他人的长处，警惕和改进其中的不足，从而促进教职工业务水平的提高。[④]

3. 专题讲座

针对早教机构工作中的实际问题和需要，聘请专家和学者或有丰富经验的早教机构教师举行专题讲座，如在组织游戏活动中如何发挥教师的作用、如何写教育笔记等，还可以有计划地、系统地根据教师的普遍需要聘请高校教师进行专业课讲授或心理指导，例如蒙台梭利教学法的学习、如何缓解幼儿教师的职业倦怠等。[⑤]

4. 教师研讨会

教师研讨会算是该行业里较为大型的会议，早教机构可以根据自身情况分批组织人员参加，力求获取最新的教育改革信息，然后传播给园内教职工，进而与时俱进，不断提高保教质量。[⑥]

---

① 文红欣.幼儿园组织与管理[M].北京：教育科学出版社，2012.

② 刘云艳.幼儿园组织与管理[M].北京：中央广播电视大学出版社，2012.

③ 文红欣.幼儿园组织与管理[M].北京：教育科学出版社，2012.

④ 刘云艳.幼儿园组织与管理[M].北京：中央广播电视大学出版社，2012.

⑤ 文红欣.幼儿园组织与管理[M].北京：教育科学出版社，2012.

⑥ 刘云艳.幼儿园组织与管理[M].北京：中央广播电视大学出版社，2012.

5. 竞赛评比活动

早教机构开展教师的竞赛活动，如说课、舞蹈、声乐、玩教具设计与制作等，可以促进教师的交流、沟通和相互学习，取长补短，推动教师教育教学能力的提升。[①]

6. 以老带新

新任教师往往对保教工作的实践经验不足，这就需要安排经验丰富的老教师进行“传、帮、带”，即进行言传身教和现场指导，从而使新教师较快了解岗位职责，尽快适应工作环境，缩短摸索的过程。[②]

7. 教师进修

以脱产或业余方式组织教师进修、学历继续教育等，使教师不断汲取新知识充实自己，以适应幼教改革和社会发展的需要，这就需要早教机构不但要从精神上对教师进修进行肯定和支持，而且应在工作安排上、学习费用上给予教师照顾。[③]

（二）早教机构教师培养的方法

1. 全面培养法

全面培养法强调的是不但要重视对教师业务能力的培养，还要重视对教师人格素养、团队精神、品德行为的培养，促进教师的全面发展，把他们培养为一名德才兼备的早教教师。

2. 全员式培养法

全员式培养法是一种着力于早教机构中每一个教师都能得到培养的方法。这种方法力求管理者针对每个教师的实际情况，量身制订相应的培养计划，使每个教师都能在原有的水平基础上获得新的发展。

3. 网络式培养法

网络式培养法是将早教机构对教师的培养方法、培养内容、培养制度以及相应的管理措施系列化，形成培养工作的网络系统，以确保工作有序进行的培养方法。即将教师培养工作纳入整个管理运行系统，而不是作为一种临时性的，可有可无的，只有在检查和重大比赛时才去想和去做的事情。

4. 规划式培养法

规划式培养法是指对每个教师根据各自的实际情况，在自我设计与组织策划相结合的基础上，用规划的形式对其进行培养的方法。这种培养方法是对全面培养法、全员式培养法和网络式培养法的综合运用。[④]

---

① 文红欣.幼儿园组织与管理[M].北京：教育科学出版社，2012.

② 文红欣.幼儿园组织与管理[M].北京：教育科学出版社，2012.

③ 文红欣.幼儿园组织与管理[M].北京：教育科学出版社，2012.

④ 文红欣.幼儿园组织与管理[M].北京：教育科学出版社，2012.

本章回顾

本章阐述了早教机构人事管理的过程，这一过程包含早教机构教师的招聘、管理和培养。其中重点是为早教机构选拔适宜的教师并定期组织教师进行培训学习，即要明确早教机构教师应具备的素质和招聘程序，知道早教机构教师培养的原则、途径和方法，以及学会运用恰当的策略激励教师，保持教师工作的积极性。

思考与训练

1. 简述早教机构人事管理的过程和内容，阐述调动教师工作积极性的有效策略。

2. 在早教机构见习中，对该机构的人事管理进行调查，并完成以下几点：

（1）了解该机构教师招聘的途径和方式；

（2）记录并分析该机构教师的任用情况和管理者激励教师的策略；

（3）记录该机构教师参与培训的途径、频率等；

（4）运用所学知识评价该机构人事管理的优缺点，并为改善人事管理提出自己的建议。

实操实训

实操实训

班级同学分为早教机构管理者组、早教机构教师组等进行模拟，模拟早教机构的人事管理，内容包括：

（1）组织早教机构教师招聘会，并根据教师的标准选拔出合适的教师；

（2）根据教师的各项表现对教师进行考核评价，并采取相应的奖惩措施；

（3）组织教师进行培训，加强教师队伍的专业性。

推荐阅读

1. 刘彩莲，龚欢，王卫红 . 幼儿园组织与管理［M］. 北京：中央广播电视大学出版社，2016.

3. 刘云艳 . 幼儿园组织与管理［M］. 北京：中央广播电视大学出版社，2012.

2. 文红欣 . 幼儿园组织与管理［M］. 北京：教育科学出版社，2012.

4. 万迪人，谢庆 .0~3 岁婴幼儿早期教育事业发展与管理［M］. 上海：复旦大学出版社，2011.

5. 赵海侠，郭婧萱 . 教育管理学［M］. 成都：电子科技大学出版社，2017.

第四章

早教机构的课程管理

0~3 岁婴幼儿是身心最柔弱的群体，他们正处于不断发展的过程中，处于未开发的状态。早教课程是 0~3 岁婴幼儿身心发展的载体，能从微观上促进 0~3 岁婴幼儿动作、语言、认知、情感与社会性等方面的发展。早教机构唯有选择和使用高质量的课程才能更好地促进婴幼儿的高质量发展。目前市场上的本土化的早教课程目标、内容五花八门，缺少规范性和统一性，国外引进的课程本土化程度低、适宜性有待考证，因此早教机构课程管理就显得尤为重要。课程管理要求早教机构的教师对课程进行筛选、加工或开发后才能投入使用。此外需要指出的是，任何一个成型的课程都需要进行二次开发才能更好地达到因班、因人施教的目的，因此对早教课程开发是对早教人员提出了更高的要求。

教学目标

1. 了解课程目标、课程内容、课程质量评价、课程开发的含义与意义。

2. 理解课程目标、课程内容的确定依据，课程组织的原则与形式，课程质量评价的原则与方法。

3. 掌握课程开发的原则、环节与步骤，并学会开发早教机构课程。

教学重难点

学习重点：课程目标、课程内容的确定依据；课程实施的原则与形式；课程质量评价的原则与方法。

学习难点：课程开发的基本原则与方法，并尝试在实践中开发适合婴幼儿发展的早教课程。

思维导图

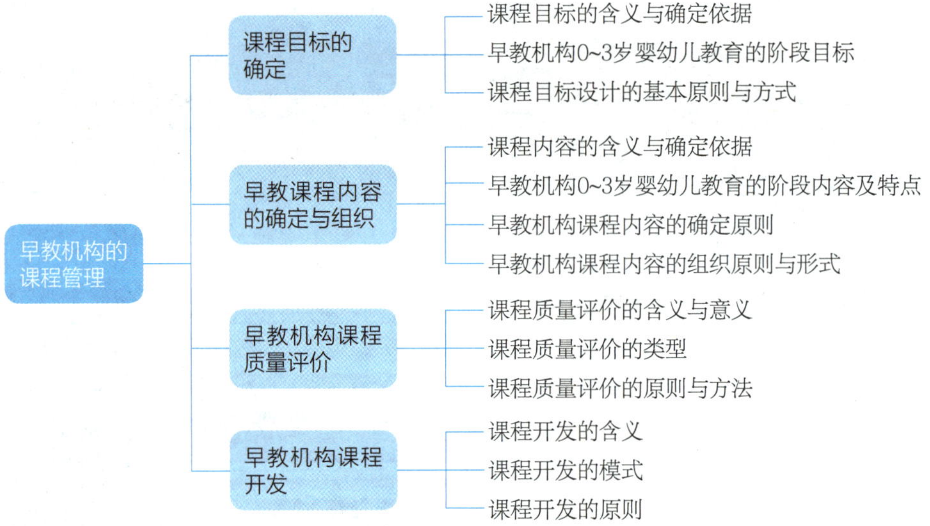

第一节

课程目标的确定

近年来，随着三孩政策开放，90后家长的崛起，越来越多的家长意识到早期教育的重要性，使得各类型的早教机构在市场上迅速发展。由于早教机构类型繁多，早教课程更是五花八门，包括养成类、益智开发类、兴趣培养类等。早教机构的理念不同，课程目标的设置自然也不同，幼儿的发展也会不尽相同。不论什么类型的课程，都要考虑幼儿的年龄特征、发展规律。

思考：那么早教机构课程目标应该如何设置呢？

一、课程目标的含义与确定依据

（一）早教机构课程的含义

早教机构的课程是指针对0~3岁婴幼儿的身心发展特点，专为0~3岁婴幼儿开发的，旨在促进婴幼儿身心全面和谐的发展，培养婴幼儿良好的生活习惯、开发婴幼儿智力、激发婴幼儿兴趣的课程。早教机构课程的理论大多以蒙台梭利的教育理论、多元智能理论、感觉统合理论为基础，主要包括动作、认知、情感、社会性训练等内容。早教机构课程具有阶段性、综合性、生活性等特征。

（二）课程目标的含义

课程目标是指课程本身要实现的具体标准和意图，是早教机构课程实施之后，对0~3岁婴幼儿在语言、认知、情感、生活能力、行为习惯、兴趣爱好等方面发展所要达到的预期结果。

（三）课程目标的确定依据

0~3岁婴幼儿的早教机构课程目标应该包含两个方面。一方面是针对婴幼儿家长的目标，是对家长提出的要求和课程实施之后对于家长应该达到的预期结果。另一方面是针对婴幼儿发展的目标，促进婴幼儿身心全面和谐发展。

课程目标的确定依据即课程目标的主要来源包括以下几个方面：

（1）婴幼儿的生理发展规律；

（2）婴幼儿的心理发展规律；

（3）社会因素；

（4）婴幼儿的生活经验；

（5）家长的需求。

二、早教机构 0~3 岁婴幼儿教育的阶段目标

早教机构的课程管理，首先需要了解早教机构 0~3 岁婴幼儿年龄特征，再跟进这一特征设置教育目标。教育者可以从婴幼儿的纵向发展上和横向对比中，逐步理解该年段婴幼儿教育的阶段目标，具体详情如下。

表4-1　0~3岁婴幼教育的年段特征与教育目标

年龄段	年龄特征	教育目标
0~1岁	（1）生理发展。在婴儿出生的第一年身体发育非常迅速，身长和体重在这一年中增长最快。新生儿刚出生时身长平均为50厘米，一岁时达到75厘米。婴儿的骨骼肌肉系统发展也较快，依次出现抬头、翻身、坐、爬、站立、行走等动作。婴儿的脑重和头围也是在这个阶段增长最快 （2）心理发展。婴儿期是个体心理开始发生的重要阶段，婴儿出生后最重要的任务就是适应陌生的环境，在这个陌生的环境中生活、生存和发展。刚出生的婴儿的心理活动就是在与环境相互作用中发生的。婴儿的感知觉多半是在摆弄和触摸物体的过程中形成的，在摆弄和触摸的过程中熟悉物体的各个部位，加深对物体的认识和兴趣 （3）动作发展。在刚出生的第一年，随着身体和大脑的不断发展，婴儿掌握了一些人类生存的基本动作。婴儿在2~3个月会出现抬头动作，4~5个月出现翻身动作，5~6个月出现坐立动作，随后依次出现爬行、站立、行走动作。手是婴儿进行认知活动的主要器官。刚出生的婴儿具有先天性的抓握反射，随着生活经验的增加，婴儿逐步开始出现手眼协调的动作，手指也逐渐灵活出现一些精细动作	（1）让宝宝感受到关爱与安全感。这一阶段的宝宝处于适应外界环境阶段，父母的主要任务是让宝宝感受到关爱和安全感。饿了要及时喂奶，喂奶时与宝宝进行眼神交流，唱歌哄宝宝睡觉，保证宝宝有充足的睡眠时间，及时更换尿布等 （2）帮助宝宝发展特有的技能。首先是运动技能，由于新生儿大部分的时间都处于睡眠状态，所以可以让宝宝每天进行几次趴着睡，这种姿势有助于宝宝练习抬头。稍微大一点，让宝宝在游戏中练习手的动作，逐步学会灵活运用自己的手指。其次是社会能力，在这个阶段，宝宝发出的任何信号，父母都要及时回应，这样宝宝会将发出的声音与得到的回应联系起来，懂得如何与父母互动来满足自己的愿望。最后是语言能力，在这个阶段父母要尽可能地与宝宝说话交谈，使宝宝对于各种声音产生兴趣 （3）激发宝宝对外界的好奇心。宝宝对于新鲜的事物都会产生强烈的好奇心，在这个阶段父母可以提供新颖的方式来激发宝宝对外界的好奇心。宝宝会特别喜欢看人脸，可以经常让宝宝照镜子、带宝宝出去散步逛超市，让他每天都能看到各种不同的事物、人物和环境

续表

年龄段	年龄特征	教育目标
1~2岁	（1）社会性的发展。在亲子关系发展上面，这个阶段儿童与母亲有着密切的交往，对母亲表现出依赖、听从的关系。在情感方面，这个阶段的儿童有着丰富的情感表现，包括愉快、同情、恐惧、痛苦等。在生活自理能力发展方面，儿童在日常生活中练习各种技能，学会自己穿衣服、自己吃饭等 （2）语言的发展。从1岁起，儿童正式进行语言学习阶段。在这个阶段“以音代物”是儿童语言发展的显著特点，例如把小狗叫成“汪汪”、小猫叫成“喵喵”。1岁半之后，儿童说话的积极性明显提高，已经学会用简单的句子表达自己的想法，词汇量也迅速增加。 （3）动作的发展。这个阶段的儿童对于自己身体的控制已经较为完善，从能够扶着栏杆站起，过渡到扶着行走，到最后能够独立行走。手的动作从一把抓过渡到能够独立打开包装纸、抓握铅笔，并且根据自己的喜好随意摆弄物体 （4）认知的发展。这个阶段是儿童思维的萌发期，儿童的认知活动主要是通过探索感知觉与运动之间的关系来获得动作经验，儿童的思维活动都是在与具体事物接触的过程中发生的，离开了具体事物的支撑，儿童便不能进行认识。思维具有直觉行动性和概括水平低两个特征。案例：2岁的佳佳想要玩放在桌子中间的小火车，但是她身高不够，怎么伸手、踮起脚尖都拿不到，于是佳佳着急得手忙脚乱，她在无意间扯动了桌布，于是小火车就朝着佳佳移动了一点，随后佳佳就开始扯桌布，最终拿到了小火车	（1）鼓励语言的发展。蒙台梭利认为0~3岁是儿童语言发展最为迅速的时期，然而要想提升幼儿语言的发展，最主要的就是要有敏锐的听力，所以探索适合幼儿的听力游戏是这一阶段发展幼儿语言的关键。父母可以利用说话的声音或者玩具的声音来吸引儿童转头去寻找声源，以激发其听力 （2）认知能力的提高。在这一阶段儿童对周围一切新鲜的事物都很有兴趣，所以父母可以让儿童练习认识形状、动物、生活用品、水果以及亲人的游戏。父母在带领儿童认识家里的生活用品时，可以随时问儿童一些问题，例如“这是水杯，水杯是用来做什么的呢？”儿童回答不上来时，父母要告诉儿童这些物品的用途，并给儿童展示如何使用 （3）社交能力的培养。有科学家以小猴子为对象进行试验，结果发现在早期生活中没有社会交往经验的小猴子在社交能力、智力以及语言发展方面都要落后于有社会交往经验的小猴子。所以在这一阶段为了培养儿童的社会交往能力，可以教宝宝和爸爸妈妈做游戏，爸爸可以让宝宝骑在肩膀上，拉着宝宝的小手然后对宝宝说“欢迎乘坐飞机，飞机马上就要起飞了”，带着宝宝转圈后对宝宝说“已经达到目的地，请乘客下飞机”。还要引导宝宝与其他小伙伴交往，学会与同伴分享、交换玩具 （4）大动作和精细动作的练习。宝宝的身体正处于发育阶段，在这个阶段父母要注重宝宝动作的练习，要教宝宝练习平衡走、走“S”线、自己上下楼梯、抛球、双脚跳、跑步、体操等动作。除此之外还要教宝宝做一些精细动作的练习，例如搭积木游戏、穿绳游戏、捡东西游戏

续表

年龄段	年龄特征	教育目标
2~3岁	（1）具有强烈的好奇心。随着生活经验的增加，3岁儿童对于新颖的事物和问题具有更加强烈的好奇心。会对生活中的各种事物有无限的问题，父母、老师经常对于儿童天马行空的想法和问题感到吃力 （2）语言的发展。3岁是学会说话的关键时期，是掌握口语的重要时期。在词汇方面，3岁儿童的词汇量迅速增加；在口语表达方面，已经学会用比较完整的句子来与人交流并表达出自己的想法。虽然还不能够完整地、独立地叙述一件事情的经过，但已经开始学会叙述一些自己感兴趣的事物或高兴的经历 （3）行为受情绪支配。这个阶段的儿童情绪波动较大，行为受情绪影响很大，还不能用理智支配自己的行为。儿童进行早教机构或托幼班是具有强烈的分离焦虑情绪。他们对于自己感兴趣的物体或活动会表现出强烈的积极情绪，对于自己不感兴趣、不愿意做的事情会表现出强烈的消极情绪 （4）喜爱模仿。3岁儿童非常喜欢模仿哥哥姐姐、成人或者老师，他们认为自己已经长大了，可以做成人的事情了。在“过家家”游戏中模仿爸爸妈妈照顾小宝宝的行为，在“医院”的游戏中模仿医生对患者说的话等	（1）语言的发展。3岁是幼儿掌握口语的阶段，在这个阶段家长或教师可以对宝宝进行听力训练和口语训练。爸爸妈妈可以与宝宝一起玩“听听什么声音”的游戏和“打电话”的游戏，宝宝用玩具手机每天与爸爸妈妈打电话，与爸爸妈妈说自己想说的话，描述自己在家都做了些什么事情 （2）社交能力的培养。3岁宝宝的语言、动作、经验都逐渐丰富，已经有了想与其他小朋友交往的愿望，而且他们即将进入幼儿园开始集体生活，所以对于3岁宝宝社交能力的培养至关重要。家长要有意识地让宝宝与其他小朋友一起玩耍，家长与教师要教宝宝使用文明礼貌用语，见到老师要问好、学会说“请”“谢谢”“你好”等礼貌用语；要教宝宝学会与同学相处，懂得朋友的重要性，学会与同学分享玩具、交换礼物，懂得与同伴合作游戏 （3）养成良好的生活习惯。良好的生活习惯会对宝宝的一生都造成影响，所以在这一阶段家长与教师要注意宝宝的养成教育，提升宝宝的生活自理能力，这个阶段的宝宝喜欢尝试自己做事情，为了培养宝宝的独立性，家长尽量不要一切事情包办、代办，让宝宝学会自己穿衣服、自己拿东西、刷牙、独立进餐、午睡等好习惯

三、课程目标设计的基本原则与方式

（一）课程目标设计的基本原则

0~3 岁婴幼儿早教机构课程在设计教学目标时需要遵循以下四个基本原则：第一，课程目标的具体化原则；第二，课程目标的可操作性原则；第三，课程目标的多维性原则；第四，课程目标的多层次性原则。四个原则的具体含义和实例如下表：

表4-2 早教机构课程目标设计的基本原则[①]

基本原则	含义	实例
课程目标的具体化	在设计目标时要细致、具体，不要过于抽象、概括，否则不利于课程内容的选择与组织，不利于课程的质量评价	例如在语言领域“懂礼貌”的课程中，课程目标是：①学会认真倾听别人讲话；②学会说“请”“你好”“谢谢”等礼貌用语；③能够清楚地说出自己想说的事。这些目标都是具体的，而不是“学会礼貌用语”这样抽象概括的
课程目标的可操作性	在设计课程目标时，要考虑到幼儿的发展现状、教师的施教能力、家长的需求、资源设施设备是否充足等情况，在教育过程中是简单可操作的，而不是超出幼儿现有能力范围的	例如在奥尔夫体系的课程中，课程目标是：①幼儿能够根据音乐节奏即兴的律动；②乐于参与集体活动，并在活动中大胆表现自己；③感受音乐的律动感，并综合运用各个器官全身心地投入到音乐中
课程目标的多维性	课程目标要针对幼儿身心全面和谐的发展，包括情绪、语言、认知、动作、社会性、行为习惯、生活能力等各方面的发展	例如在《模仿动物》的游戏中，目标是：①认识生活中常见的动物；②学会模仿小猫、小狗的叫声和动作；③认识到动物是我们的朋友，懂得保护动物；④乐于参与集体活动，懂得与同伴一起合作
课程目标的多层次性	早教机构课程的总目标，指向的是促进婴幼儿的身心全面和谐的发展。促进0~3岁婴幼儿在语言、认知、情感、生活能力、行为习惯、兴趣爱好等方面的发展	例如部分早教机构人员在对婴幼儿家长进行招生宣传中，过度宣传他们的课程如何具有智力开发或潜能开发的功能，这是一个错误的早教观念，促进婴幼儿全面和谐发展，培养他们解决问题的能力这才是早教的初衷
	单元目标主要表现为主题目标。主题活动是将各个学科领域的内容综合到一个网络状的主题中，围绕主题而展开的一系列教育活动	例如在《一起做运动》的主题活动中，主题目标是：①通过做运动，发展幼儿的手部肌肉和腿部肌肉；②学会简单的运动技能，知道爱护自己的身体；③喜欢做运动，愿意与同伴一起运动；④愿意与别人交流，敢于表达自己的想法；⑤乐于参与并大胆创编运动动作
	活动目标是指在具体的某一活动中，期望在活动实施之后，在幼儿身上能够看到预期的结果	例如在亲子听说游戏中，活动目标是：①通过生活中的亲子游戏，促进亲子关系的和谐发展；②通过听说游戏使幼儿了解生活中一些浅显的生活常识；③乐于参与游戏，并大胆表达自己的想法与需求

（二）课程目标设计的表述方式

1. 行为目标

行为目标是以儿童具体的、可被观察到的行为为主体的表述方式。它

① 朱家雄.幼儿园课程[M].上海：华东师范大学出版社，2003.

是指在早教课程实施之后，在儿童身上所发生的具体的行为变化，注重的是结果。行为目标的表述方式对于幼儿知识技能的掌握，目标的达成有较好的效果，但是以教育活动或教材为中心，忽略儿童的兴趣、需要、情绪等心理活动。

2. 生成性目标

生成性目标是指在教育活动过程中生成的目标，关注儿童在活动中的需要、兴趣以及经验的生长，注重的是过程。生成性目标的表述方式充分尊重儿童，以儿童的经验为中心，但是在具体实施的过程中对教师要求过高，需要教师有充沛的精力和积极的态度。

3. 表现性目标

表现性目标是指儿童在教育活动中能够产生的个性化的表现，尊重儿童的特质化、个性化、多元化。注重对儿童创造性的培养、激发儿童的潜力、培养儿童的兴趣。适合表述情感类、态度类的目标，尊重儿童的发展。

拓展链接

女孩多多已两周岁了，正是开心的岁月。同在小区里，她有几个同龄的小玩伴，这些2~3岁的小朋友都纷纷去幼儿园上学了，隔壁家的乐乐，一岁不到时父母就帮她请来了一个菲佣，重点教习英语。许多年轻父母希望自己的孩子早成大器，成龙成凤，为实现这一目标，就对孩子采取“超前教育”的措施。“超前教育”就是提前学习时间让孩子接受教育，孩子一两岁就开始教三四岁或五六岁的知识。

到底应该怎样看待这个问题呢？教育学家认为，对孩子及早进行智力开发和教育是应该的，现代科学研究证明，婴儿期至整个学前期（0~6岁）的儿童的大脑具有较强的可塑性和修复性。但本来科学而严肃的“超前教育”被歪曲了，被片面理解了。这种不符合幼儿生理和心理特点的“超前教育”将会影响孩子今后的学习，产生与父母愿望相悖的结果。所以在给宝宝选择早教课程时要考虑到宝宝自身的发展水平，适应并促进宝宝的发展。

第二节

早教课程内容的确定与组织

某早教机构在新学期开始之际，在为婴幼儿选择课程内容时只考虑了家长的需求和社会对儿童的要求，整个教学过程宝宝都处于一个被动的状态，宝宝成为一个被动的刺激接受者，这不仅让家长备受挫折，也影响了宝宝自信心的发展，严重地造成了宝宝心理上的伤害。

思考：早教机构应该如何为0~3岁婴幼儿选择适合的课程?

一、课程内容的含义与确定依据

（一）课程内容的含义

课程内容是指各门学科中特定的事实、观点、原理和问题以及它的处理方式，它是学生学习的对象，它以社会文化生活为来源并随着社会政治、文化、经济、生活的发展而发展。早教机构的课程内容是全方位的，包括宝宝身体的养护、智力的开发、兴趣的培养，语言、情绪、社会性等的发展。

（二）课程内容的确定依据

1. 兴趣

宝宝感兴趣的事物是一切早教活动的起点，只有宝宝感兴趣才会积极主动地参与到早教活动当中。例如选择宝宝喜欢的、宝宝感兴趣的拼图活动作为早教内容，不仅可以丰富宝宝积极的情绪，还可以开发宝宝的智力，让宝宝在游戏中自由探索、积极与同伴交流，发展社会性。

2. 生活

早教内容的确定要贴近宝宝的生活，根据宝宝的生活经验，选择宝宝熟悉的事物、活动作为内容，可以让宝宝迅速进入活动之中。例如《我爱刷牙》的早教儿歌就是根据宝宝的日常生活而确定的，这首儿歌节奏欢快，宝宝在唱这首儿歌的时候会感受到刷牙的乐趣，从而潜移默化地帮助宝宝养成刷牙的好习惯。

3. 有利于宝宝发展

早教内容是专门为0~3岁宝宝确定的，所以满足宝宝的需求，对于宝宝的发展是至关重要的。例如爬楼梯的动作练习就是根据宝宝的发展水平而确定的，促进宝宝骨骼的发育。

二、早教机构0~3岁婴幼儿教育的阶段内容及特点

（一）早教机构0~3岁婴幼儿教育的阶段内容

1. 出生至6个月宝宝的早教内容

（1）动作的练习

刚出生的宝宝肢体的支撑能力很弱，所以在做一些动作练习时需要家长的帮助与保护。刚出生一个月的宝宝会有先天性的迈步反射，家长可以双手抱着宝宝，让宝宝的脚接触到床面，宝宝的脚就会有向前走的趋势，但是只能走几步。在这个阶段，家长在抱宝宝的时候最好的姿势是竖抱，在竖抱时家长的手要托住宝宝的屁股和背部，这样不仅可以帮助宝宝练习抬头的动作和颈部的支撑力，还可以让宝宝看到周围的事物，引起宝宝的注意，激发宝

宝对外界的好奇心。在做翻身练习的时候，把宝宝平躺在床上，家长在宝宝旁边躺下给宝宝示范翻身的动作，宝宝会观察然后模仿家长的动作，也可以将玩具放在宝宝够不着的地方，宝宝为了拿到玩具会使尽全身力气，这样自然而然地就学会翻身了。

（2）语言的练习

宝宝在满月后，会开始发出“咿咿呀呀”的声音以表示自己的需要，家长要及时地回应宝宝，宝宝才会继续发声。家长在与宝宝“交流”时，口齿要清晰、说话要慢、面对面地看着宝宝说话，这不仅有利于宝宝语言的练习而且会加强宝宝与父母之间的亲密感。这个阶段，还要对宝宝进行听力练习，家长可以多叫宝宝的名字或者用玩具发出声音吸引宝宝，宝宝会有意识地去寻找声源，这不仅有利于宝宝听力的发展而且也有利于宝宝视力的提升。

（3）认知能力的提升

这个阶段家长可以教宝宝认识一些日常生活中的物品，爸爸妈妈应该给宝宝准备色彩鲜艳的画报，包括动物、水果、蔬菜等，随时对宝宝进行练习；还要对宝宝进行触摸感知、视觉感知、听觉感知的训练，家长可以为宝宝准备各种材质的玩具供宝宝玩耍触摸，包括木质的积木、棉质的娃娃、塑料小汽车等。宝宝喜欢看亮着的灯，那么家长可以把灯关闭又打开，并告诉宝宝这是“灯”，但要注意灯光不宜过亮；听觉感知的训练，爸爸妈妈就可以躲起来呼叫宝宝的名字，宝宝会寻找声源，当宝宝找不到时，爸爸妈妈可以伸出脑袋呼叫，当宝宝看到时，又躲起来叫宝宝的名字，久而久之宝宝会快速地找到声源。

（4）社会性的提升

宝宝出生后的第一个交往对象就是妈妈，其次是爸爸，现在大多数的孩子都住在高楼里，除了父母很少有机会跟别人相处，导致社会性缺失。这个阶段家长一定要给宝宝提供与别人交往的机会，多让宝宝看看不同的人，让邻居、亲朋好友都抱抱宝宝，这在一定程度上也能避免宝宝过于依赖妈妈。家长要多与宝宝做游戏，让宝宝感受到游戏的快乐，并乐于与他人交往，爸爸可以与宝宝玩一些肢体游戏如举高高、过山车的游戏，妈妈可以与宝宝玩捉迷藏，用衣服把脸挡起来，在宝宝寻找妈妈的脸时，妈妈突然把衣服拿掉，露出脸来，宝宝会非常的兴奋。

2. 6~12 个月宝宝的早教内容

（1）动作的练习

由于这个阶段的宝宝已经能够自己扶着桌子站起来，只是站立时间不长，所以爸爸妈妈可以帮助宝宝进行腿部力量的练习，家长可以扶着宝宝，帮助宝宝站立并让宝宝自由地蹦跳双腿，经常做这样的练习可以增强宝宝腿部的力量。腿部力量增强之后，可以对宝宝进行独立站立训练，在训练独立站立的时候，可以先让宝宝将双腿分开，背靠着墙站立，身体慢慢地离开墙面，学会独立站立。

（2）语言的练习

这个阶段的宝宝模仿能力很强，已经有了想说话的强烈愿望，所以爸爸妈妈要充分利用这个时期宝宝语言发展的特点，经常有意识地与宝宝进行会话，教宝宝说一些与生活贴近的简单词汇，比如教宝宝说“车车”“饭饭”“果果”等词汇。当带宝宝出去散步时，要把看到的事物告诉宝宝。比如“这是小狗”“这是爷爷”。

（3）认知能力的提升

这个阶段的宝宝对生活中一切新鲜有趣的事物比较感兴趣，家长可以利用这个阶段对宝宝进行认知练习，比如在给宝宝洗澡的时候可以给宝宝准备一个木制的小汽车和铁质的小汽车放在水里，让宝宝在玩水中发现木制的小汽车会浮在水面上而铁质的小汽车会沉下去，反复几次让宝宝感受到木制与铁质小汽车的区别，激发宝宝对外界的兴趣，促进宝宝智力的发展。

（4）社会性的提升

这个阶段的宝宝喜欢跟其他小朋友一起玩，但是经常会发生争抢玩具的情况，所以爸爸妈妈要设计一些实际情景，要宝宝知道如何与别人相处、分享玩具、友好地对待其他小朋友。

3. 12~18 个月宝宝的早教内容

（1）动作的练习

这个阶段宝宝已经学会独立行走，为了锻炼宝宝的手脚协调能力，可以多让宝宝进行爬楼梯练习，既可以增强宝宝的腿部力量，也为之后的跳、跑打下基础。在练习跑的时候，爸爸妈妈可以站在宝宝的对面然后向宝宝张开怀抱，示意跑过来，反复练习宝宝会逐渐掌握跑步的技能。

（2）语言的练习

这个阶段的宝宝已经会说一些简单的词，爸爸妈妈要给宝宝创造说话的环境，给宝宝提供说话的机会，多与宝宝聊天、给宝宝讲故事，让宝宝一边看一边听，鼓励宝宝多说话，引导宝宝把想说的说出来，宝宝在想要什么东西的时候，由于不会完整的表达就会很着急，这时候爸爸妈妈不要着急把东西给他，要鼓励宝宝说出来之后再给他，比如说“要”“拿”等。

（3）认知能力的提升

这个阶段宝宝的生活经验不断增加，认识的东西也越来越多，爸爸妈妈可以教宝宝认识家人的照片，例如爷爷、奶奶、外公、外婆的照片，或者在外工作的舅舅、舅妈的照片。还可以教宝宝认识多少、大小、长短，例如将大小不同的苹果放在宝宝面前，告诉宝宝哪个是大苹果，哪个是小苹果；认识多少时，可以将糖果分成多、少两堆，告诉宝宝哪一堆糖果是多的，哪一堆糖果是少的。

（4）社会性的提升

这个阶段的宝宝可以听懂家长的要求与命令，也可以去做一些简单的家务，所以爸爸妈妈可以有意识地给宝宝下达一些简单的命令，提升宝宝的生活自理能力。例如吃饭前妈妈让宝宝去拿自己的凳子，让宝宝自己把垃圾丢进垃圾桶里，爸爸妈妈下班回家帮爸爸妈妈开门等。

4. 18~24 个月宝宝的早教内容

（1）动作的练习

这个阶段可以带宝宝进行户外锻炼，不仅可以增强宝宝对外界环境的抵抗力，也可以让宝宝进行大动作的练习，户外活动时可以让宝宝玩沙子、玩水、玩自行车、玩滑滑梯等，在玩沙子时让宝宝练习用手抓握的动作，学会灵活运用手指，但要注意关注幼儿，不要让宝宝将沙子放入嘴里。

（2）语言的练习

爸爸妈妈可以教宝宝唱简单的儿歌、背诵数字 1~5、学会说“我”，每天给宝宝放简单的儿歌，让宝宝学唱；在上楼梯时，可以让宝宝上一步说一个数字，教宝宝说几岁了；鼓励宝宝说“我”，例如“我的杯子”“我的妈妈”“我的车车”等。

（3）认知能力的提升

这个阶段可以教宝宝认识颜色、图形、五官、水果，在教宝宝认识颜色时，可以用宝宝感兴趣的玩具进行练习，例如“红色的汽车”“蓝色的杯子”，在教宝宝认识五官的时候，可以用照片给宝宝认识。告诉宝宝这是眼睛、这是鼻子、这是耳朵，反复练习，问宝宝“眼睛在哪里”“嘴巴在哪里”。

（4）社会性的提升

随着社会交往经验的增多，宝宝交往的对象也从家人逐渐增多到其他小朋友，所以在日常生活中，爸爸妈妈要教宝宝学会讲礼貌、学会友好地与其他小朋友相处，例如可以教宝宝说“你好”“再见”“谢谢”等礼貌问候语，还要教宝宝微笑对待其他小朋友，不要情绪化。

5. 24~30 个月宝宝的早教内容

（1）动作的练习

大动作的练习可以让宝宝玩踢球、跑和停、扔沙包的游戏。在玩踢球游戏的时候，爸爸妈妈先给宝宝示范踢球的动作，随后让宝宝自己反复练习并且掌握平衡能力；玩跑和停游戏时，家长给宝宝喊口号“准备、一、二、三、跑、停”；扔沙包的游戏是让宝宝练习投掷的动作。精细动作的练习，可以让宝宝学习解扣子、玩钢琴等。

（2）语言的练习

这个阶段的宝宝说话的频率明显增加，能够用简单的句子表达自己的想法，例如会说“我要玩玩具”“我要出去玩”，家长还是要多与宝宝交流，鼓励宝宝说话，可以与宝宝玩打电话的游戏，让宝宝表达自己的想法，说出自己想说的话，爸爸妈妈要耐心听完宝宝的话，并回应宝宝，这样才会激发宝宝说话的兴趣，使宝宝乐于与家长交流。

（3）认知能力的提升

宝宝认识了大小之后，可以开始认识上下、前后，在教宝宝认识上下前后，可以先用玩具吸引宝宝的注意，然后把玩具放在宝宝后面，告诉宝宝“小猫在你的后面”“小熊在你的前面”，或者将玩具放在桌子上告诉宝宝“小猫在桌子上面”，把玩具放在桌子下面告诉宝宝“小狗在桌子下面”，这样反复练习让宝宝分辨出上下前后。

（4）社会性的提升

这个阶段的宝宝已经意识到自己的存在，自我意识强烈，认为接触到的看到的东西都是自己的，所以经常会看到桌子上有自己感兴趣的东西、玩具或者零食，就会伸手去拿，理所当然地占为己有，如果不给就会哭闹不止，这种占有欲是一种正常的心理，但需要爸爸妈妈正确地加以引导，也可以让宝宝跟大一点的小朋友一起玩，让他们感受到大哥哥、大姐姐对他们的爱护、谦让、友好，从而学会与其他小朋友友好相处。

（5）生活自理能力的提升

这个阶段宝宝已经有了做自己想做的事的欲望，为了提升宝宝的生活自理能力，爸爸妈妈要帮助宝宝养成一些好习惯，学会独立做事，例如自己吃饭、自己穿衣等，在吃饭前要让宝宝洗手，并且吃饭时不要让宝宝养成一边吃饭一边看电视的习惯，要多吃蔬菜、不能挑食，养成细嚼慢咽，饭时不语的好习惯。

6. 30~36 个月宝宝的早教内容

（1）动作的练习

这个阶段宝宝的运动能力增强，可以教宝宝玩攀爬、钻山洞、平衡木的游戏，在练习攀爬时，家长先给宝宝示范攀爬的动作，然后宝宝在爸爸妈妈的保护下在攀爬网上进行攀爬，这些游戏都可以帮助宝宝练习手脚的协调能力，并且能锻炼身体增强体质。

（2）语言的练习

这个阶段主要是练习宝宝的表达能力和增加宝宝的词汇量，在日常生活中，爸爸妈妈要经常和宝宝说话，经常向宝宝提出问题。例如“你几岁了？”“妈妈去哪里了？”“你叫什么名字？”“爸爸的手机在哪里？”等。还可以教宝宝说一些简单的形容词，例如“长长的头发”“脏脏的小手”“可爱的小猫”等。

（3）认知能力的提升

这个阶段可以教宝宝数 1~10 的数字，家长说“1”然后宝宝说“2”依次数到 10，还要教宝宝认识日常生活用品并告诉他们用途，例如给宝宝洗脸时告诉宝宝这是牙刷用来刷牙的，这是香皂用来洗手的，吃饭时告诉宝宝这是胡萝卜、这是黄瓜、这是鸡肉等。

（4）社会性的提升

这个阶段要教会宝宝学习友好行为，改正不好的行为，要让宝宝分清什么是好的，什么是不好的，当宝宝与其他小朋友发生争吵时，家长要及时制止这种行为，并问清楚发生争吵的原因，适当批评宝宝的这种行为，当宝宝与小朋友分享玩具时要及时表扬宝宝的友好行为，反复多次就会强化宝宝的友好行为，在今后的交往中，宝宝的友好行为会增加，不友好行为会减少。

（5）生活自理能力的提升

这个阶段的宝宝即将进入幼儿园开始集体生活，所以家长要有意识地培养宝宝的生活自理能力，要让宝宝学习刷牙、午睡、自己穿衣服、自己吃饭、自己上厕所等习惯，在教宝宝刷牙的时候，先要让宝宝知道不刷牙的后果，从而要宝宝自己愿意去刷牙，然后再教宝宝刷牙的方式和技巧，为今后进入幼儿园做好准备。

（二）早教机构课程的特点

1. 启蒙性

0~3 岁宝宝正处于不断发展之中，对外界充满了无限的好奇，他们在努力地探索、适应这个世界，所以早教课程要致力于开启宝宝的智慧与心灵，激发他们的兴趣，学习各种能力来适应这个世界。

2. 游戏性

喜欢游戏是宝宝的天性，游戏是开启宝宝心智的重要手段，蕴含着丰富的价值，在游戏中不仅可以丰富宝宝的积极情绪、发展宝宝的社会性，还可以让宝宝在游戏中自主探索，经历失败与成功，为今后的主动学习做准备。

3. 生活性

0~3 岁宝宝的发展水平和学习方式决定了他们只能在生活中学习、在交往中学习，对于宝宝来说生活即教育，教育即生活，早教课程直接来源于生活，课程的实施更是贯穿于宝宝的生活之中。

4. 活动性和直接经验性

儿童心理学表明，儿童主要通过各种感官来认识周围世界，通过探索感知觉与运动之间的关系来获得动作经验，从而理解和适应这个世界。对于 0~3 岁宝宝来说，只有在具体的活动之中，通过直接的经验、感知、体验、相互作用，他们才能获得知识，脱离宝宝的活动和直接经验，宝宝会处于被动、消极的状态，不利于宝宝的发展。

5. 整合性

宝宝的发展是多方面、多层次、多维度的，所以早教课程自然也是由社会、语言、健康、艺术、科学、生活、智力训练等各方面整合一起的。

三、早教机构课程内容的确定原则

0~3 岁婴幼儿早教机构在确定了教育目标之后，还需要确定的就是其教育教学的内容。筛选和确定早期教育的内容需遵循以下五个方面的原则，分别是：目的性原则、适宜性原则、生活性原则、兴趣性原则、基础性原则。每个原则的含义和实例请见下表。

表4-3　早教机构课程内容的基本原则

原则	含义	实例
目的性原则	是指早教机构在选择课程内容时要遵循教育的总目标和主题目标，在课程实施之后要达到所设定的目标，旨在促进宝宝的发展	例如3岁宝宝的课程内容——儿歌《进餐歌》（洗洗手，来吃饭，不说话，不挑食，饭后漱口擦净嘴，讲究卫生人人爱）。这首儿歌节奏欢快、朗朗上口，使宝宝在念唱的过程中体会到进餐的愉快，从而在潜移默化中引导宝宝在进餐时养成不说话、不挑食、饭前洗手、饭后漱口的好习惯。为了达成使婴幼儿养成良好的生活习惯的教育目标，所以选择《进餐歌》作为教育内容，体现了课程内容选择的目的性原则
适宜性原则	是指早教机构在选择课程内容时要遵循幼儿的发展规律，适合于幼儿的身心发展水平，在婴幼儿的最近发展区内，切忌选择超前于幼儿当前发展水平的课程内容	例如针对9~10个月宝宝动作发展的课程中，这个阶段宝宝的骨骼肌肉正处于发展中，以宝宝的现有发展水平为基础选择一些适宜于宝宝发展的内容。包括教宝宝站立、坐下、扶着走、抓取等的课程内容，而不是选择教宝宝站立行走、搭积木等超前于宝宝发展现状的课程内容
生活性原则	是指早教机构在选择课程内容时要以宝宝的生活为基础，贴近宝宝的生活，内容为宝宝所熟悉的生活事件才会使宝宝感兴趣，也有利于宝宝对于课程内容的理解	例如针对3岁宝宝的社会课程——《小宝哭了》，《小宝哭了》讲述了小宝在与爸爸妈妈逛超市的时候，看见了一个小朋友手里拿着玩具车，小宝非常喜欢就跟着那位小朋友走了，最后小宝就跟爸爸妈妈走丢了，找不到爸爸妈妈的小宝害怕得哭了起来。老师得知在生活中有很多小朋友在出门时喜欢乱跑，不跟着爸爸妈妈一起走，所以老师选择了《小宝哭了》作为课程内容，并以动画片的形式播放，使宝宝学会出门在外要跟紧自己的爸爸妈妈不要乱跑，这体现了课程内容选择的生活性原则

续表

原则	含义	实例
兴趣性原则	是指早教机构在选择课程内容时要以宝宝感兴趣的事物为基础，要求教师要关注宝宝的兴趣与需要	例如老师在日常生活中发现好多宝宝都对各种玩具车比较感兴趣，所以老师选择了《各种各样的车》作为课程内容，老师展示各种车的图片和玩具引起宝宝的注意，通过看一看、摸一摸、玩一玩，使宝宝在玩的过程中感知各种汽车的形状、结构、颜色和用途。这就体现了课程选择的兴趣性原则
基础性原则	是指早教机构在选择课程内容时要简单、基础、启蒙、通俗易懂，选择一些浅显的生活常识作为课程内容	例如课程《感知颜色》，教师出示各种颜色的积木让宝宝来感受，通常宝宝会选择鲜艳颜色的积木来玩耍，然后老师告诉宝宝他拿的是什么颜色的积木，都有些什么颜色的积木，使宝宝在玩积木的过程中感知各种颜色的不同

四、早教机构课程内容的组织原则与形式

（一）早教机构课程内容的组织原则

1. 顺序性原则

顺序性原则是指早教机构在组织课程时要遵循时间顺序，即根据宝宝的认知方式和学习特点来组织课程，按照由浅入深、由易到难、由简单到复杂的顺序依次进行。

2. 连续性原则

连续性原则是指早教机构在组织课程时要考虑到宝宝正处于一个连续地、不断地发展的过程，所以强调课程前后的连续性，前面的课程要为后面的课程打基础，后面的课程是前面的课程的延伸。

3. 整合性原则

整合性原则是指早教机构在组织课程时要考虑到宝宝的发展是多方面的、综合性的发展，所以强调各类型课程的整合，强调各课程之间、课程与宝宝生活之间、课程与宝宝生活经验之间的联系，促进宝宝全面、健康、和谐地发展。

案例 4–1：18~24 个月的艺术课程

年龄发展特点：这个阶段的宝宝对各种鲜艳、亮丽的颜色有着极大的兴趣。

课程目标：这个阶段主要是让宝宝在绘画活动中体验到自由绘画的乐趣。

活动过程：教师为宝宝准备好各种不同颜色的水彩笔让宝宝根据自己的喜好选择并随意地涂鸦，在自由的涂鸦过程中体验自由创作的乐趣。

案例 4–2：30~36 个月的艺术课程

年龄发展特征：这个阶段的宝宝已经对绘画活动感兴趣，能够用自己喜

欢的颜色来填色。

课程目标：学会使用水彩笔并认识不同的颜色。

活动过程：教师为宝宝准备不同颜色的水彩笔，教宝宝水彩笔的正确使用方法，然后让宝宝给不同的图形填上颜色。

以上两个案例都是艺术活动，但是因为宝宝年纪、发展水平、生活经验的不同，课程的目标与组织过程都有所不同，随着宝宝年纪的增加，活动过程难度也随之加大，这就体现了课程组织的顺序性原则和连续性原则。除此之外，该课程还包括了不同艺术领域的内容，也包括手指精细动作的练习和颜色的认识，这体现了课程组织的整合性原则。

托育机构的保育管理

（二）早教机构课程内容的组织形式

在选择和确定完 0~3 岁婴幼儿早教机构课程内容后，需要知道早教机构课程内容的四种组织形式，即游戏活动、教学活动、运动活动和生活活动。如果一天用八个小时来计算，那么四者的时间比例约为 2∶1∶2∶3，即游戏活动占 2 小时，教学活动占 1 小时，运动活动占 2 小时，生活活动占 3 小时。这四类活动虽然是人为划分，却可以让教育者明晰课程的组织模式，从而在教育过程中有意识地实施。具体内容见下表：

表4-4 早教机课程内容的四种组织形式

组织形式	含义	实例
游戏活动	在区域游戏、集体游戏、桌面游戏中组织课程的一种形式，让宝宝在玩游戏的愉快情绪中学习游戏规则、遵守游戏秩序、整理游戏玩具、参与集体活动	例如在玩搭积木时，游戏前老师告诉宝宝们只能在桌子上玩，不能把积木堆在地上，游戏时老师要关注宝宝们的情绪，当发生争抢玩具时要及时维持游戏秩序，教他们如何与其他小朋友合作游戏、分享玩具，游戏结束后老师要引导宝宝们一起收拾整理自己的玩具，然后排队洗手
教学活动	根据宝宝的身心发展特点，选择适合的课程内容，有计划、有目的地组织课程内容的一种形式，旨在促进宝宝认知、生理、心理、社会性等各方面的发展，教学活动包括集体教学活动和个别教学活动，教学内容包括语言、健康、社会、科学、艺术五大领域	例如在《宝宝，你好！》的教学活动中，活动目标是：①知道自己的名字；②学会向小朋友们介绍自己；③敢于在老师和同伴面前大胆表现自己。在这个教学活动中老师通过向小朋友们问好介绍自己导入活动，老师以玩具小熊的口吻说“宝宝，你好！我叫小熊，你叫什么名字呢？”，依次询问小朋友们的名字，鼓励宝宝说出自己的名字，并请个别大胆的宝宝来介绍自己

续表

组织形式	含义	实例
运动活动	包括早操、体育活动、亲子运动、室内运动、室外运动等。旨在运动活动中锻炼宝宝的身体、增强体质、学习身体护理常识、喜欢做运动	例如早教机构会在天气条件允许的情况下，每天给宝宝提供室外活动的机会，在室外活动时，会有保育人员在旁边进行安全监护，提醒宝宝休息、给宝宝喝水、维持活动秩序，对宝宝们的各种突发情况进行及时的处理，不仅可以教给宝宝动作的技能、自我保护的意识，还增强宝宝身体的抵抗能力
生活活动	在宝宝的一日生活常规中对宝宝的各方面进行保育与教育的一种组织形式，包括在进餐、午睡、如厕、饮水时对宝宝的护理、照顾。	例如在进餐活动开始前，老师给宝宝们播放《进餐歌》（洗洗手，来吃饭，不说话，不挑食，饭后漱口擦净嘴，讲究卫生人人爱），营造一个轻松愉快的进餐氛围，并引导宝宝唱出来，在日常进行活动中帮助宝宝养成好好吃饭的好习惯，宝宝都入座之后，给宝宝介绍今日的食材，宝宝吃饭时提醒宝宝不要说话、不要挑食，关注宝宝的进餐情况及时给需要的宝宝增添食物，进餐结束之后鼓励宝宝参与餐后整理工作，将自己的餐盘放入回收处

第三节

早教机构课程质量评价

某早教机构的托班老师在对课程进行评价时，积极主动地与家长进行沟通，沟通内容包括课程目标、导入环节、过渡环节、教学策略、教学互动等方面，通过调查和访谈的方法对课程进行了详细的评价。该老师认为宝宝还小，不懂得自身的需要、兴趣，所以在评价课程时只从家长和课程本身方面进行了评价，并没有考虑宝宝的需要与体验。

思考：早教机构的教师在进行课程质量评价时应该遵循哪些原则？

一、课程质量评价的含义与功能

（一）课程质量评价的含义

课程质量评价是指对老师、宝宝、家长以及课程本身对于宝宝发展的意义的整体评价，包括教师的教学水平、教学方法、教学态度、课程目标、课程内容、宝宝和家长的参与程度以及课程本身的评价。课程质量评价是直接影响教学质量的重要因素。

（二）课程质量评价的功能

1. 导向功能

导向功能是指通过对早教机构课程目标的确定、内容的确定、组织与实施的整个过程进行评价，帮助早教机构树立正确的发展目标，营造轻松、愉快的早教环境，提升宝宝的积极性与家长的参与度，引导早教机构的课程朝着正确的方向发展，促进宝宝各方面能力均衡发展。

2. 诊断功能

诊断功能指通过对课程进行评价，对评价结果进行诊断、分析、整理并作出客观的判断，对诊断出的问题提出解决的办法，这是一个发现问题并解决问题的过程，是提高早教机构课程质量必不可少的一个环节，为早教机构课程进一步的发展提供支持与帮助。

诊断功能是早教机构课程质量评价具有的主要功能，它要求在具体的评价过程中，通过对课程的评价及时找出评价对象在日常实践活动中存在的问题，并通过对问题产生的原因进行分析，找出问题所在，然后解决问题，将评价结果反馈给各评价者，最后制订改进的方案，促进早教机构课程的发展。

3. 激励功能

早教机构课程质量评价的激励功能是指通过对课程的评价发现课程在目标的确定、内容的选择、内容的组织与实施等方面所存在的问题，使课程编制者、课程实施者认识到自身的缺点与不足，从而激发其改进的动机与需要，鼓励其为课程的发展做出努力，调动其积极性。

二、课程质量评价的类型

根据不同的评价对象，早教机构对课程性质的评价可分为：对宝宝的评价、对教师的评价、对课程的评价三种类型。

1. 对宝宝的评价

对宝宝的评价是指在早教课程实施以后，家长和教师对于宝宝的评价，评价方式有口头评价和书面评价，评价内容包括宝宝的情绪、社会性、动作技能、认知等各方面。

例如《搭积木》的游戏活动中，教师在填写评价表时，在情绪情感方面，宝宝喜欢搭积木游戏；在社会性方面，宝宝乐于与其他小朋友一起玩游戏，并乐于与同伴分享玩具；在动作技能方面，宝宝学会了用积木搭建汽车、房子、桌子等；在认知方面，宝宝认识了各种形状的积木，并学会利用不同形状的积木搭建不同的物品。家长对于宝宝的口头评价，宝宝已经有了自己感兴趣的事物，能够根据自己的需要选择自己喜欢的玩具，并乐于与家人交流、分享、一起玩耍。（详见下表）

表4-5 ××早教机构益智游戏课程评价表（评价对象：宝宝）

姓名：　　　　月龄：	
评价要点	表现
宝宝情绪	
社会性的发展	
动作的发展	
认知的发展	
宝宝参与度	

2. 对教师的评价

对教师的评价主要包括三个方面，一是家长和宝宝对教师的评价，即喜不喜欢老师；二是早教机构管理者和同事对于教师的评价，即对教师教学方法、为人处世的评价；三是教师的自我评价，即对自己教学的自我反思。

3. 对课程的评价

对课程的评价主要是教师对于课程目标、环节、策略、互动、建议等方面进行的简单反思。反思课程目标是否达成，反思各环节的衔接是否合理，反思教学策略是否得当，反思教学互动的内容和方式是否有调动宝宝的积极性和父母的参与性，反思课程建议对于今后教学活动是否具有实用性。

例如对教学活动《说谢谢》的评价：第一反思目标，达成了让宝宝学会说谢谢的目标；第二反思环节，教师给宝宝示范说谢谢的情景之后，设计了实践环节，给宝宝提供了说谢谢的机会；第三反思策略，教师用宝宝感兴趣的动画形式呈现吸引宝宝的兴趣，并设计真实的情景，让宝宝真切地感受到说谢谢的体验；第四反思互动，教师以角色游戏的形式与宝宝互动，增加了教师与宝宝之间的亲密感；第五反思建议，教师提出可以根据宝宝的发展水平适当增加难度，设计更多的实践情景让宝宝体验。（详见下表）

表4-6　××早教机构社会领域《说谢谢》课程评价

评价要点	反思要点
课程目标	
组织环节	
教学策略	
互动情况	
教学建议	

三、课程质量评价的原则与方法

（一）课程质量评价的原则

1. 方向性原则

方向性原则是指早教机构对课程的目标制定、内容选择、过程实施、结果反馈等方面进行评价时应该以有利于早教机构发展、满足宝宝的需要、满是社会的需求、提高早教课程质量为标准，朝着正确的方向发展。

首先，早教机构课程质量评价必须要朝着正确的方向；其次，对课程质量的评价必须考虑到是否促进宝宝的全面、和谐、健康的发展，不得偏废任何一个方面； 最后，对早教机构课程质量的评价，其目的应该是提高早教机构的教育教学工作的质量。

2. 可行性原则

可行性原则是指对早教机构的课程进行评价时要结合早教机构的实际发展情况、宝宝的发展水平、家长的需求水平进行评价，保证评价工作能够正常进行，有利于评价工作的开展并收到预期的成效。

所以为保证早教机构课程评价的可行性，要注意以下方面：第一，评价指标要简便易测，根据早教机构的实际情况，不要太过烦琐；第二，评价指标要一致，《幼儿园工作规程》中指出通过德、智、体、美几个方面的教育促进每个幼儿的发展，是进行幼儿园教育评价工作的依据和出发点，所以任何早幼教机构的评价都要以促进宝宝的全面和谐发展为依据；第三，评价方法力求简易，评价标准要具体可见易操作，不要模棱两可、含糊不清，评价方法不宜太烦琐、太复杂，要便于掌握和理解，便于计算结果。

3. 全面性原则

全面性原则是指教育评价要全面收集信息，不能片面强调评价指标中的某一项目，不能偏听偏信。只有遵循了全面性原则，才能保证评价指标的全面性和在评价过程中收集信息的全面性，从而使评价工作更科学、准确。

根据促进幼儿全面发展的要求，幼儿园教育工作应该使幼儿在身体、认知，社会性方面都得到良好的发展，也就是说，我们对幼儿园教育工作的要求是促进幼儿全面的发展，而不是片面的、某一方面的发展。相应地，我们对幼儿园教育工作的评价也应该是全面的，必须遵循全面性的原则。

4. 多元性评价

从评价主体来看包括教师对宝宝的评价、教师对家长的评价、家长对教师的评价、家长对宝宝的评价、宝宝对教师的评价等；从评价的方式来看，包括口头评价、书面评价；从评价过程来看，包括诊断性评价、过程性评价、终结性评价、及时评价、延时评价等。传统的评价只是上述方面的单一方面的评价，评价方法简单片面，若将上述评价方面结合起来实施多元性评价，有利于调动教师与宝宝、家长的积极性、主动性、创造性，有利于教师、家长不断地反思自己和提升自己，也有利于建立和谐的师生关系和轻松愉快的心理环境[①]。

课程质量评价表

（二）课程质量评价的方法

1. 观察法

观察法是课程质量评价中最直观的方法，是通过感官直接地、有目的地、有计划地观察、记录、分析课程组织的过程，了解课程目标是否达成、教师教学方法是否合理、教学环节过渡是否得当、教学互动情况、宝宝和家长参与度等。

2. 调查法

调查法是指管理者通过对家长或宝宝发放各种简单明了的调查问卷表进行调查研究，收集所有调查结果，汇总、分析、处理调查结果，得出一份客观、真实、有效的评价结果。

3. 访谈法

访谈法是指通过教师之间、教师与家长之间或教师与管理者之间的口头谈话交流，了解早教课程目标、课程内容、课程实施等情况。

拓展链接

对幼儿发展状况的评估要注意的问题

第一，明确评价的目的是了解幼儿的发展需要，以便提供更加适宜的帮助和指导。

---

① 薛少一. 改进普通高校课堂教学质量评价体系的若干思考[J]. 中国成人教育，2017（12）：99-101.

第二，全面了解幼儿的发展状况，防止片面性，尤其要避免只重知识和技能，忽略情感、社会性和实际能力的倾向。

第三，在日常活动与教育教学过程中采用自然的方法进行。平时观察所获的具有典型意义的幼儿行为表现和所积累的各种作品等，是评价的重要依据。

第四，承认和关注幼儿的个体差异，避免用统一的标准评价不同的幼儿，在幼儿面前慎用横向的比较。

第五，以发展的眼光看待幼儿，既要了解现有水平，更要关注其发展的速度、特点和倾向等。

第四节

早教机构课程开发

受到小学化和超前教育的影响，越来越多的早教机构在开发课程时都加入超前于宝宝发展水平的内容，从而加速了早教机构和幼儿园的小学化。某早教机构在开发课程时，没有以宝宝的生活、经验、兴趣为出发点，反而从家长、社会的要求出发，加入英语口语的内容，以掌握基本的日常英语口语交际为课程目标，这的确让宝宝在短时间内学会了一些简单的英语单词，也让家长感到满意，但也在无形中对宝宝造成了严重的影响，甚至影响宝宝今后的学习。

思考：该早教机构课程目标、内容是否偏离？为了宝宝更好地成长应该怎样开发早教课程？

一、课程开发的含义

课程开发也叫课程设计或课程编制，是一种根据社会、学校、教师、学生等人的需要设计、改进课程的活动与过程[①]。由此可见，课程开发不仅包括对新课程的设计与编制，还包括对已有课程根据幼儿的年龄特点、发展水平、所处环境、生活经验等进行的改动[②]。课程开发主要有三种模式即目标模式、过程模式、实践模式三种。

二、课程开发的模式

（一）目标模式

目标模式是目前早教、幼教课程编制最常用的一种模式，它起源于博比特的“活动分析法”的观点，博比特认为教育的最终目的就是为完美的生活

① 王春燕.幼儿园课程概论(第2版)［M］.北京：高等教育出版社，2014.

② 胡娟.幼儿园课程概论［M］.上海：复旦大学出版社，2015.

做准备，而课程作为实现这一终极目的的媒介，所以在课程开发时要考虑到完满的生活需要学生学习哪些领域的知识和技能。目标模式重视确定课程目标环节，重视课程目标是否达成。

泰勒在博比特的基础上提出了课程开发需要回答的四个问题（泰勒原理）：

1. 学校应该达到哪些教育目标？
2. 提供哪些经验才能达到这些目标？
3. 怎样才能有效地组织这些教育经验？
4. 怎样才能确定这些目标正在得到实现？

课程开发的四个任务领域：

1. 选择和界定目标
2. 选择和建立适当的学习经验及选择课程内容
3. 组织学习经验及课程的组织与实施
4. 课程评价

（二）过程模式

过程模式的代表人物是斯坦豪斯，他认为目标模式只是将知识看作确定的、不变的，忽略了学习的主动性、积极性、自主性，所以在此基础上他提出了课程开发的过程模式，过程模式强调课程开发是一个开放的、动态的、发展的过程，在这个过程教师扮演的是引导者、合作者、支持者的角色，重视学习的兴趣、需要与体验。

过程模式的设计程序是：设定一般目标—实施教学活动—论述—评价教学活动，过程模式围绕“问题展开”，教学过程是教师与学生共同探索、相互作用的过程。

（三）实践模式

实践模式是对目标模式和理论模式的批判，代表人物是施瓦布。其基本观点为：课程开发应该聚焦于具体教学情境和课程实践中的实际需要、问题和可能性，而不是课程开发的原理和程序。

三、课程开发的原则

（一）目标导向原则

目标导向原则是指在开发课程时要以国家教育目标为准则，不要偏离国家的教育总目标，在课程目标的确定、内容的选择、课程的组织与实施、课程质量评价的各个方面都要以促进学生全面发展的目标为出发点，有目的、有计划地将早教机构课程朝着正确的方向发展。

（二）过程性原则

过程性原则是指课程开发要关注学生学习课程的过程，激发学生兴趣，时刻关注学生的学习体验。过程性原则认为课程不是单一的知识的教学，而是教师为学生创造一个和谐、轻松、愉快的学习环境，教师根据学生的兴趣与需要、学生的学习方式与认识特点选择适合学生的课程内容，以丰富多样的形式来组织课程，旨在调动学生学习的积极性。

（三）生活性原则

由于0~3岁婴幼儿的发展特点与学习方式的特殊性，他们的课程内容直接来源于生活，课程的实施更是贯穿于一日生活的各个环节之中，所以早教课程的开发必须遵循生活性原则，这要求教师要关注学生的生活经验和发展水平来设计课程，实现早教机构、家庭、社区的相互联系。

（四）整体性原则

根据《幼儿园教育指导纲要（试行）》，学前教育内容要体现出“全面性”“综合性”“相互渗透性”的特点。由于婴幼儿的发展本身就是一个各方面协调、平衡、综合发展的过程，根据婴幼儿的发展特点，早教课程开发必须遵循整体性原则。

（五）民族性原则

民族性原则是指课程开发以当地的民族特色为出发点，引入当地的民族文化，因地制宜地设计课程，例如可加入根据当地民俗改编的童谣、当地节日的特殊活动等。

四、课程开发的步骤与流程

（一）课程开发的步骤

泰勒1949年出版的《课程与教学的基本原理》一书被公认为现代课程理论的奠基石，他在这本书中提出了课程开发的基本程序、环节与步骤。他提出的四个步骤是：第一，确定目标；第二，选择教育经验；第三，组织学习经验；第四，评价结果。在这四个步骤当中，确定目标是最为重要的，其他三个步骤都是围绕确定目标来进行的，因此泰勒的课程开发模式又被称为目标模式。

泰勒的学生对他的课程开发目标模式加以发展，在泰勒模式的直线式课程开发的基础上，提出了课程开发的八个步骤：第一，诊断需要；第二，建立目标；第三，选择内容；第四，组织内容；第五，选择学习经验；第六，组织学习经验；第七，评价结果；第八，检查平衡与顺序。

拓展链接

教材开发与管理

教材改革应有利于引导学生利用已有的知识与经验，主动探索知识的发生与发展，同时也应有利于教师创造性地进行教学。教材内容的选择应符合课程标准的要求，体现学生身心发展特点，反映社会、政治、经济、科技的发展需求；教材内容的组织应多样、生动，有利于学生探究，并提出观察、实验、操作、调查、讨论的建议。积极开发并合理利用校内外各种课程资源。应充分发挥图书馆、实验室、专用教室及各类教学设施和实践基地的作用。

（二）课程开发的基本流程

目前课程开发的基本流程主要包括：第一，组织建立；第二，情景分析；第三，目标拟订；第四，方案编制；第五，讨论与实施；第六，评价结果与修订。（如下表）

表4-7　课程开发的操作流程

基本流程	主要议题	参与人员	角色人物
组织建立			
情景分析			
目标拟订			
方案编制			
讨论与实施			
评价结果与修订			

本章回顾

本章节针对0~3岁婴幼儿的发展需要，围绕早教机构课程展开学习，主要内容包括课程目标的确定、课程内容的选择、课程的组织、课程的评价以及课程的开发。为了引导婴幼儿朝着正确的方向发展，选择正确的早教机构及课程，本章提出早教机构课程目标的确定要考虑到婴幼儿的生理发展规律、婴幼儿的心理发展规律、社会因素、婴幼儿的生活经验以及家长的需求；课程内容的选择要考虑到婴幼儿的兴趣、生活，并且有利于婴幼儿的发展。同时也针对不同年龄段婴幼儿的发展水平提出了不同难度的课程要求，课程的组织与实施也严格按照婴幼儿的认识规律和发展现状来进行。课程评价是对课程效果的评估过程，根据评价的结果可以改善课程质量，更好地为婴幼儿的发展提供课程支持。课程开发是对课程的再选择和再加工的过程，对教师的要求会更高。

思考与训练

1. 根据本章所提出的课程目标的确定依据，试想应该如何划分早教机构0~3岁婴幼儿课程的阶段目标？

2. 根据婴幼儿的发展水平和认识规律，试想早教机构应该如何为不同年龄阶段的婴幼儿选择适合于他们发展的课程内容？

实操实训

1. 作为一名早教机构的教师要在进行教学活动过程中遵守本章所提出的课程组织的原则进行教育教学活动，并记录与反思教学活动中出现的各种情况，在今后的教学活动中改进自己的不足。

2. 通过学习本章知识，并通过网络、书籍等其他方式查阅更多早教机构课程开发的相关知识，在原有课程基础上尝试开发一个适合本班、本年段、本月段婴幼儿的课程方案并实施。

推荐阅读

1. [美] 伯顿·L. 怀特. 从出生到三岁：婴幼儿能力发展与早期教育权威指南 [M]. 宋苗，译. 北京：北京联合出版公司，2016.

2. 王小英 . 学前儿童心理学［M］. 长春：东北师范大学出版，2015.

3.［意］蒙台梭利 . 蒙台梭利早教方案：0~3 岁智力及语言系统训练全书［M］. 齐开霞，译 . 北京：北京理工大学出版社，2013.

第五章

早教机构的安全管理

党的十八届五中全会提出的“全面二孩”政策，使得早教机构迎来了属于自己的春天。但早教机构中安全事故的频发，导致家长对部分早教机构的安全管理提出了质疑，在选择上也表现出了担忧。平安早教机构的打造，也成为一项迫切的任务。《中华人民共和国未成年人保护法》《托儿所、幼儿园卫生保健制度》《托儿所、幼儿园建筑设计规范》等教育部、卫生部、建设部颁布的一系列文件对婴幼儿的安全工作做了明确的规定。因此，做好早教机构安全管理工作对婴幼儿的健康成长具有重要的意义。

教学目标

1. 了解早教机构中安全管理的含义与意义。
2. 掌握早教机构中安全管理的相关内容要求与实施方式。
3. 能够在实践中运用所学知识处理安全事故。

教学重难点

学习重点：早教机构安全管理的相关内容要求与实施方式
学习难点：在实践中运用所学知识处理安全事故

思维导图

- 早教机构的安全管理
  - 早教机构安全管理的含义与意义
    - 早教机构安全管理的含义
    - 早教机构安全管理的意义
  - 早教机构安全管理的内容与要求
    - 早教机构安全管理的内容
    - 心理安全管理
    - 早教机构安全管理的要求
  - 早教机构安全管理的途径和方法
    - 早教机构安全管理的途径
    - 早教机构安全管理的方法

第一节

早教机构安全管理的含义与意义

春季传染病流行期，为了提高早教机构教师的防控意识，杜绝传染病的发生，保证婴幼儿的身体健康，某早教机构组织了防控传染病工作专题会，专门部署春季传染病预防工作。会上，后勤主管人员宣读了《卫生防疫制度》，并强调“严格管理婴幼儿一日生活常规，严格管理婴幼儿卫生清洁工作，杜绝传染病的发生”。会后教师懵懵懂懂，因为婴幼儿在早教机构一日生活常规管理涉及的内容很多，不知道应该从哪些方面入手，不知道要做到什么程度。管理者发现这一问题后，马上召集班组长组织任务落实会议，并由教研组长和保健医一起对一日生活常规进行分析和研究，对早教机构内重点常规环节——洗手，进行了有针对性地细化要求，重新强调了所有涉及洗手的环节的操作流程并用图片演示，让教师现场模拟洗手，保健医一一检查，婴幼儿的洗手质量得到了明显的提高，感染的风险降低。早教机构采取这一有效的管理，提高了教师的安全管理意识，也使得早教机构得以可持续发展。

一、早教机构安全管理的含义

（一）早教机构的安全的含义与特点

1. 什么是早教机构安全

安全通常是指人类整体与生存环境资源能够和谐相处，互相不伤害。不存在危险、危害的隐患，是免除了不可接受的损害风险的状态。早教机构的安全主要是指保护早教机构中的人和物不受侵害。其中人的安全是保护婴幼儿、教职工以及早教机构中其他人员的生命安全。但保护婴幼儿的生命安全必须放在首位，因为他们是国家的未来、民族的希望。

早教机构中物的安全主要是指保证早教机构中的教学设施、场地、财产以及信息的安全。对早教机构中物的安全进行有效的管理，可以为婴幼儿创造一个良好的成长环境来保证婴幼儿在早教机构中活动的有序进行。例如在教学活动中要采取新颖的、安全的教具，过于锋利的、尖锐的物品都不应该让婴幼儿单独使用；在进行户外活动中要清点婴幼儿人数、视线不脱离婴幼儿、检查大小型玩具的安全等；对于财产应该设置专门的财务室并安装摄像头来进行保护；对信息进行安全管理是为了防止病毒、黑客的侵入对早教机构内的网络造成威胁。

2. 早教机构安全工作特点

早教机构的主要目标是抓住婴幼儿发展的敏感期和关键期对其实施科学

的教育方式，从而促进婴幼儿的全面发展。

早教机构安全工作的特点具有系统性、整体性、客观性以及主动性四大特点。系统性是指婴幼儿在机构中的各种活动能够做到环环相扣，形成安全系统性。整体性是指各部门之间相互联系、相互配合，形成一个整体为婴幼儿创设一个安全的环境。客观性主要是指按照国家的标准对早教机构内的各种设施进行安全评估。主动性是指在早教机构中要发挥婴幼儿的主动性，注重对婴幼儿安全能力以及安全意识的培养。

（二）早教机构的安全管理的类型

按照管理学的解释，所谓管理就是管理者在组织中利用组织的资源以实现组织的目标。[①] 那么，早教机构的安全管理就是早教机构中的管理者在早教机构组织中利用其资源以实现早教机构安全工作的目标。对早教机构进行安全管理主要是为了防止婴幼儿在早教机构中的一日生活或者教学中因教学设施、场地、玩具或者管理的疏忽等而造成的事故。目前我国早教机构中常见的安全事故主要有以下几个方面。

1. 自然灾害。因地震、泥石流、火灾或洪水等造成的安全事故。

案例 5-1：在河北的某一早教机构中，由于春季回暖，气温回升，天气比较干燥。再加上早教机构附近乱堆一些织物，由来历不明的一个烟头引起了这场火灾。由于早教机构内婴幼儿人数众多，一些教师没有经过专业训练，对于灭火器的使用比较生疏，缺乏相关的训练，造成一些婴幼儿被烫伤。这一事件引起了社会各界的关注。

以上事故的发生给我们敲响了警钟。对于早教机构的选址以及教师的聘用要慎重。一旦聘用要定期组织消防活动的演习，在面对灾难来临时能够临危不惧安排婴幼儿有序撤离。

2. 事故灾难。因教学设施、保教人员的失职而造成的安全事故。

案例 5-2：王某到某人才市场找保育员工作，经过面试顺利成为某机构内的一名保育员。5 月 28 日下午，上班第二天的王某午休后正在叠被子，一个 3 岁的小女孩找她要上厕所，王某看到四周无人，机构内的后门大开，王某借口“阿姨带你出去玩”将女孩哄骗出机构带到其暂住地。28 日晚，王某连夜写好敲诈信称其为黑帮成员，因老大坐牢需 5 万元救人，恐吓机构在 2 日内将 5 万元打入指定账户。若报警或不从，后果自负……

以上事故是由保教人员的恶意伤害造成的。案例 5-2 中的王某严重违反了职业道德。加强保教人员的道德修养是避免此类事故发生的关键。因此，对机构内聘用的人员应该进行严格的考察。

① 吴志宏. 教育管理学[M]. 北京：人民教育出版社，2006.

3. 卫生疾病。因卫生制度的漏洞在早教机构内造成疾病的传染。

案例 5-3：2020 年新冠肺炎疫情在全世界暴发。7 月 6 日，据媒体报道，美国德州 883 个托儿所及 1335 人感染新冠病毒，其中包括 894 名员工和 441 名儿童。数据显示 2 周内该州托儿所病例暴涨 350%。托儿所方面表示，部分父母由于工作压力，把孩子送到托儿所照看。缺乏追踪系统和管理机制的不完善，让托儿所员工和孩子持续暴露在风险中。

以上事例向我们说明了婴幼儿的安全事故可能来源于卫生疾病。由于病毒的肆意扩散造成婴幼儿被感染。面对这种情况，早教机构应该完善其卫生设施，降低其风险，尽量为婴幼儿创造一个安全的环境来促进其成长。

4. 社会安全。外来人员的入侵对婴幼儿造成的伤害。

案例 5-4：2004 年 9 月 11 日，没有经过批准举办的苏州某幼稚园，28 名儿童被一行凶者砍伤。看到孩子被砍的 3 个老师都吓傻了，在行凶者把坐在桌子外端年龄较小的孩子都砍伤之后，她们才想到把坐在里面的较大的孩子都叫到楼上，结果凶手立马跟了上去，孩子们的身心受到重创。据当地媒体报道，这 3 名老师，一个是校长的妻子，另外 2 个是雇来的，都没有经过安全培训。

外来入侵事故的频发引起了社会的关注。早教机构应该建立门卫安全管理制度，配备相关的防卫器械及保卫，对保教人员进行相关技能的培训。

5. 婴幼儿自身。由于自身身体原因造成的事故。

案例 5-5：某早教机构中的婴幼儿患有先天性的癫痫病，但进入该早教机构时，家长并没有把这一情况告诉早教机构，一天早上其母亲将孩子送入早教机构内，告诉老师孩子昨晚发烧。老师劝其带孩子看病，但其母亲说孩子烧已经退。早饭后进行户外活动时，教师让该婴幼儿在活动室休息时突然犯病，教师将其及时送往医院，同时电话告知婴幼儿的母亲。然而，该母亲看到婴幼儿情况有所好转，并未按医生吩咐让婴幼儿留院治疗，第二天婴幼儿在家中癫痫病发病死亡。

从上述案例分析中我们知道早教机构的安全事故来自婴幼儿自身的问题。面对此种情况，教师要及时与家长进行沟通，了解婴幼儿的身体状况，如果有病史建议家长带孩子去医院就诊直到康复。

通过对上述早教机构中的安全事故进行分析，发现这些事故具有突发性、严重性、持续性、广泛性的特点。①

突发性：早教机构发生的事故是突然发生的，难以预料其结果。因其有内隐性的特点所以难以预料发生的时间、地点、严重程度，让人没有任何心理的准备。其危险一旦隐藏其中发生已成必然。

---

① 朱晓燕.幼儿园安全管理问题及对策研究[D].上海：华东政法大学，2018：5.

严重性：由于婴幼儿自我保护能力比较差，没有应对突发事件的能力。一旦发生安全事故对婴幼儿的生理和心理都会造成严重的伤害。

持续性：早教机构中发生的安全事故都需要经历一段时间去处理，其对婴幼儿和家庭造成的危害也难以短时间痊愈，甚至会伴随婴幼儿终身。

广泛性：安全事故一旦发生涉及的人员比较广泛，包括婴幼儿、家庭、早教机构、社会。安全事故的发生会影响婴幼儿身心的健康发展，影响家庭的幸福指数，影响早教机构的运营与管理，影响社会的稳定性。

早教机构中的安全管理是早教机构中管理的一个重要部分，随着家长安全意识的提升，对于早教机构的选择越来越重视。因为早教机构的安全管理关系到每一个婴幼儿的健康成长，关系到每一个家庭的幸福指数，关系到早教机构能否安全运营。因此，创造一个良好的婴幼儿成长环境、提高保教人员的安全意识尤其重要。

二、早教机构安全管理的意义

对早教机构进行安全管理的目的是预防、发展和促进。随着人们认知的发展，对早教机构的安全管理越来越重视，因此，我们需要构建科学化、规范化、合理化的早教机构、设置完善的早教机构安全管理条例。只有做好充分的准备工作才能将其危险性降到最低的程度，为婴幼儿创造一个舒适、安全的环境来保证他们的健康成长。

（一）保障婴幼儿身心健康发展

保障婴幼儿的生命安全是早教机构发展的前提条件，离开安全，婴幼儿无从发展。早教机构首要的任务就是保护婴幼儿的生命安全，促进身心健康发展。这是由婴幼儿的身心发展特点所决定的。婴幼儿天生活泼好动、对周围事物充满好奇。在探索一些事物时，由于自我保护能力比较差，安全意识未形成规范，容易出现安全事故，所以保护婴幼儿的生命安全尤为重要。婴幼儿身心的健康发展对于婴幼儿自身、家庭、社会都起着重要的作用，所以早教机构应该进行科学化、规范化的安全管理，构建完善的安全管理体系。

（二）提高保教人员的安全意识

早教机构安全事故的频发，多数是由于人为的因素所造成的。例如某早教机构的老师买来注射器戳不听话的婴幼儿；西安某早教机构的老师给婴幼儿服用“病毒灵”事件等。因此早教机构中的管理人员及其保教人员安全意识的提升尤为重要。早教机构可以采取定期举办安全管理教育主题活动、邀请杰出的安全管理人员举办讲座以及安全管理知识竞赛活动来提升其相关人员的安全管理意识，也可以让一些有经验的保教人员对在实践过程中可能发生的安全事故进行交流，相互学习，共同探讨，找出解决的措施。

拓展链接

托儿所安全制度具体要求[①]

1. 各项活动均要以孩子为中心，工作人员要注视儿童的各项活动。

2. 要注意房屋、场地、家具、玩具、用具使用的安全，避免触电、砸伤、摔伤、烫（烧）伤等事故的发生。

3. 药物必须妥善保管，吃药时要仔细核对，剧毒药品要有专人管理，并严禁放在班上。药物保管和服用应由医务人员负责。

4. 建立健全儿童接送制度，不得丢失幼儿。

（三）促进早教机构可持续发展

早教机构安全管理的根本目的是消除隐患，降低其危险性，为婴幼儿营造一个良好的成长环境，来促进婴幼儿的全面发展。可持续发展也是衡量一个早教机构能否继续经营下去的指标。要想实现可持续发展，需要实行科学有效的管理，而科学有效的管理是能够适应社会发展和家长需要的“早教机构安全管理模式和理念”。只有在两者之间找到平衡点才能顺利地实行下去。科学有效的管理不仅能保证婴幼儿教育安全与发展，也能规范早教机构中某些不安全的行为，以实现早教机构安全与发展的统一。

（四）维护社会稳定和谐发展

社会稳定是社会主义现代化建设的根本保证，有了稳定的社会环境，我们才能顺利开展各项工作，正常的运转才能使经济有所发展，人民才能幸福安康。但和谐社会的发展需要社会各界的努力，教育行业尤为重要，应起到领头羊的作用。从婴幼儿的启蒙教育开始，就为婴幼儿营造一个安全的环境、树立安全意识的观念来保证婴幼儿的健康发展，从而为其他各阶段的教育树立榜样。做好安全防范措施，来保证各个阶段教育的顺利开展。从而社会稳定的和谐发展也就有了一定的保障。

综上，安全管理是早教机构中安全管理工作的重中之重，科学有效的安全管理对于保障婴幼儿身心健康发展、提高早教机构人员安全管理意识、促进早教机构的可持续发展、维护社会稳定和谐发展等方面具有重要的意义。

---

① 卫生部 . 托儿所、幼儿园卫生保健制度［Z］.1985.

第二节

早教机构安全管理的内容与要求

有学者针对早教机构在运营过程中的风险问题进行了研究，并指出了有五类风险需要关注：第一，人员伤害风险，即由于教职工在工作中防护不当，导致婴幼儿在活动中发生的身体伤害、心理伤害的风险；第二，饮食安全性风险，即许多早教机构的食堂人员配备较差，缺乏食品安全常识，不熟悉《餐饮服务食品安全操作规范》，导致卫生状况堪忧影响婴幼儿的健康；第三，传染病风险，即早教机构人员多、空气杂，部分工作人员缺乏对保育工作的了解，对传染病预防缺乏重视，导致传染病不能得到及时的控制，致使婴幼儿被传染的风险；第四，孩子走失风险，即孩子天生好奇心强，玩性较重，在集体活动时容易单独行动，加之早教机构人员流动较大，如果不做好人身安全的教育和防护，婴幼儿有可能被人贩子诱骗导致走失的风险。

思考：早教机构运营管理中的风险其实质就是安全问题。你知道早教机构安全管理的内容和要求有哪些吗？

一、早教机构安全管理的内容

早教机构安全管理的内容可分为以下五个方面，即一日生活安全管理、教育教学安全管理、户外活动安全管理、后勤管理、心理安全管理。

（一）一日生活安全管理

婴幼儿在早教机构的一日生活按照时间进行可以分为入园（晨检）、进餐、睡眠、如厕、盥洗、饮水、过渡环节、日常服药婴幼儿的药品管理、离园等。

1. 入园（晨检）

入园是婴幼儿在早教机构美好一天的开始，教师在婴幼儿入园时应该做到“一摸”“二看”“三问”“四查”。“一摸”摸婴幼儿的额头，“二看”看婴幼儿的皮肤、咽喉、精神状态，“三问”问婴幼儿饮食、睡眠、大小便，“四查”检查婴幼儿是否携带不安全物品。婴幼儿的晨检活动必须每日进行，对婴幼儿做全面的晨检是为了能够对婴幼儿的身心健康状况有一个全面的认识。

2. 进餐

进餐活动是婴幼儿一日生活活动的重要部分。在进餐前，保教人员对餐桌、餐具应该按照其要求进行消毒和擦拭，教师指导婴幼儿进行洗手，交给婴幼儿正确的洗手方法，也可以将洗手的正确方法编成歌谣或者张贴在洗手池。在进餐中，教师组织婴幼儿有秩序地进餐，进餐过程中要细嚼慢咽、不要大声喧哗，进餐过程最好控制在30~40分钟，对于进餐过程过快或过慢的婴幼儿应该寻找原因帮其改正，培养良好的进餐习惯。进餐结束后，保教人员收拾餐具、对餐桌进行消毒并把餐具送到指定位置，教师组织婴幼儿进行散步活动，避免婴幼儿积食造成意外的发生。

3. 睡眠

为婴幼儿创设一个安静、舒适的环境是婴幼儿进行睡眠活动的前提条件。充足的睡眠可以保证婴幼儿身心健康的发展。在进行午睡前要组织婴幼儿如厕，检查婴幼儿的床铺或者衣物的兜是否有异物，防止婴幼儿吸入。午睡过程中，保教人员做好交接不得离开教室让婴幼儿独自待在教室；午睡后，整理床铺、组织婴幼儿有秩序穿洗。为了能够对婴幼儿的睡眠情况有充分的了解，还可以建立婴幼儿午睡的记录表（如表5–1）。

表5–1 婴幼儿午睡记录表①

姓名：　班级：　性别：　日期：　记录人：					
时间	午睡情况				
	星期一	星期二	星期三	星期四	星期五
是否午睡					
午睡时长					
睡姿					
如厕次数					
尿床					
发热					
其他情况					

4. 如厕、盥洗、饮水

婴幼儿在如厕、盥洗时必须要有保教人员的看护，安排婴幼儿有组织、有秩序地进行；保教人员要提醒婴幼儿喝水，水温要适中，避免烫伤。不得限制婴幼儿如厕的次数。在婴幼儿如厕、盥洗时要保证地面没有水渍，防止婴幼儿摔倒。

5. 过渡环节

研究发现，婴幼儿的许多问题是在过渡环节中出现的，婴幼儿由于无事可做，容易出现安全问题，因此，教师应该采取多种多样的过渡环节来吸引婴幼儿的注意力，减少不必要的等待。通常情况下教师可以采取以下几种过渡环节的技能策略：一是活动式过渡，让婴幼儿通过洗手、如厕、盥洗、喝

① 张春炬，李芳. 幼儿园安全管理策略[M]. 北京：中国轻工业出版社，2017.

水来进行有效的衔接；二是游戏式过渡，教师可以组织婴幼儿进行短暂的游戏来过渡；三是信号式过渡，通过播放音乐、发出指令或者动作来吸引婴幼儿的注意力以实现过渡。

6. 日常服药婴幼儿的药品管理

对于需要服药的婴幼儿，药品必须由家长或者家长指定的接送人亲自交给保健医并进行检查，登记好服药的次数和计量，对于服药完的药袋进行回收。对于家长或者其他人私自交给老师的其他物品不予以接收，防止意外。药品的安置应放在婴幼儿接触不到的地方，做好保管。教师要在婴幼儿服药的记录表上进行详细的记录（如表 5–2）。

表5–2 婴幼儿服药记录表[①]

姓名：	班级：	性别：	日期：	记录人：	
时间	服药情况				
	星期一	星期二	星期三	星期四	星期五
药品名称					
服药次数					
服药时间					
药品剂量					
家长签字					
喂药人签字					

7. 离园

离园是婴幼儿在早教机构一天活动的结束。此时人群密集，人员流动性比较大，教师要做好交接，将婴幼儿安全地交给家长或者家长指定的接送人。对于保教人员的分配应该做到：教师站到门口迎接家长，将婴幼儿准确无误地交到家长手中；保育员应该看管其他婴幼儿，保证婴幼儿安全地进行区角活动以免发生意外。

（二）教育教学安全管理

1. 业务管理人员

业务管理人员主要包括副校长、教研主任以及保教主任。在安全管理工作方面，副校长主要是在校长的带领下，落实校长交代的安全管理工作，防止安全事故的发生；定期组织机构中的人员参加安全教育活动，提升早教机构人员的安全素养。教研主任主要负责对婴幼儿在教育教学活动中存在的安全隐患进行排除，使婴幼儿在早教机构中能够顺利地进行教育教学。保教主任负责婴幼

① 张春炬，李芳．幼儿园安全管理策略[M]．北京：中国轻工业出版社，2017.

儿一日生活中的安全管理和保育员的安全管理，对保育员进行安全知识的普及，树立安全意识；对婴幼儿一日生活中可能存在危险的因素进行检查，并把危险性降低到最低的程度。

2. 保教人员

保教人员不仅是安全管理的对象，也是安全管理的实施者。保教人员的管理主要包括教师、保育员。教师的职责主要是认真学习安全管理制度并进行落实。在教学活动中，教师要遵循婴幼儿的身心发展规律和年龄特点采取多种教育形式进行安全教育活动，提高婴幼儿的自我保护意识和能力，促进婴幼儿安全健康成长。同时，要做好家园合作工作，与家长取得联系，让家长参与到早教机构安全管理工作中，为早教机构安全管理工作提出合理的建议与措施。教师在组织活动时，必须亲临现场指导，不得擅自离开岗位，以防意外的发生。一旦发生意外，立刻送到保健室进行简单的处理，随后去医院进行治疗。同时要与家长取得联系并报告领导。

保育员的职责主要是对婴幼儿早教机构的一日生活经常接触的玩具、教具、餐具、桌椅等进行消毒。还要保证盥洗室、活动室的整洁、干净。同时地面要保证没有水渍，防止婴幼儿摔跤。要提醒婴幼儿按时喝水，保证饮水量，水的温度要适中。在组织户外活动中，要根据天气情况为婴幼儿及时增减衣物，做好活动前的准备工作，检查场地和材料的安全。

（三）户外活动安全管理

户外活动是婴幼儿在早教机构不可或缺的一部分。《托育机构管理规范（试行）》中规定应当保证婴幼儿每日户外活动不少于 2 小时，寒冷、炎热季节或特殊天气可酌情调整。户外活动由于场地面积比较大，活动量大，再加上婴幼儿的各种动作技能和身体素质都处于发展的状态以及自我保护意识差容易发生意外事故。一般情况下，婴幼儿在户外容易发生的安全事故有：一是因为户外设施没有定期进行检查，造成一些设施不牢固，婴幼儿在玩耍过程中发生的意外事故；二是婴幼儿在户外活动过程中由于教师的擅离职守以及保护不当发生的意外；三是由婴幼儿自身造成的安全事故，由于婴幼儿知识储备少、缺少丰富的经验导致操作不当，从而造成安全事故的发生。为了避免以上安全事故的发生，教师在户外活动中要做到活动前的检查、活动过程中的监护、活动后的总结与反思。

1. 活动前的检查

教师在带领婴幼儿进行户外活动前，要做到仔细检查，防患于未然。首先要对场地进行检查，检查地面是否平坦、有无其他物品堆放会对婴幼儿的活动造成影响。如有则清理干净以后再带领婴幼儿进行户外活动，以免造成威胁。其次要对设施进行检查，检查设施是否有松动、有棱角，对婴幼儿造成伤害。最后要对婴幼儿进行检查，清点婴幼儿户外活动的人数、检查婴幼儿的衣服是否与天气相吻合，做到为婴幼儿及时增减衣物，还要检查婴幼儿的口袋是否有携带不安全的物品，比如剪刀等。

2. 活动过程中的监护

人为因素是造成婴幼儿安全事故的主要原因。如果能够对人进行很好的约束和控制，那么发生安全事故的频率会大大降低，平安机构的打造也就更为容易。在婴幼儿户外活动的过程中，教师要制定好规则，使婴幼儿在活动的过程中遵守规则以免造成伤害，同时教师不能擅离职守、视线不能脱离婴幼儿。对婴幼儿的户外活动能够进行很好的观察，方便进行总结与反思。

3.活动过程中的总结与反思

户外活动结束后，教师要对婴幼儿的活动进行总结，比如婴幼儿在活动中遇到了哪些问题是如何解决的；婴幼儿的表现如何；哪些婴幼儿得到了老师的表扬等。同时教师也要对婴幼儿的每一次户外活动能够有一个反思，分析活动中遇到的问题，找出解决的对策，从而能够在下次活动中有效避免。此外，教师同样要清点人数，保持出入人数的一致性。并且教师在带领婴幼儿由室外向室内移动时稍作停留，避免因光线的问题引起不适。

（四）后勤管理

1. 设施安全管理

早教机构内的设施主要包括室内设施和室外设施两部分。室内设施的安全管理主要包括能够引起婴幼儿事故的一些设施，比如楼梯、插座、地面、床铺、玩具等 。室外设施的安全管理主要包括大型玩具以及墙面的装饰等。

对于室内外设施的安全管理应该做到：首先要检查室内设施的布置是否合理，如有存在安全问题的布置立刻进行调整，排除隐患；其次成立早教机构安全工作小组，定期检查室内外的设施是否需要更换或者维修；最后对于机构内需要添置的设施需要到正规的店铺进行购买并开具相关的证明。

2. 门卫

对于门卫的选择一些机构为了节约成本会选择一些年龄较大的老人，这种做法是极其不负责任的。由于婴幼儿身心发展的特殊性，早教机构门卫的选择必须是经过专业培训的有一定法律意识的保安。保安要认真执行早教机构的安全管理制度，严格遵循规定。对于婴幼儿和家长的出入实行接送卡制度，一人一卡，严格执行。保安人员对于早教机构内进出的车辆、人员做好记录，进行检查，避免闲杂人员的进入。同时要做好周边环境的巡视工作，以保证婴幼儿的安全。

3. 功能室

早教机构的功能室一般有会议室、图书室、玩具室、舞蹈室等。对于每个功能室的安全管理要做到：各功能室应有专门的人员进行管理，对其使用情况做好记录；定期对各功能室中进行检查与维修，如发现问题及时报备，暂停使用；对于功能室中一些比较复杂的、昂贵的物品必须在专业人员的指导下使用，不得擅自动用。对于违规者应进行说服教育。

4. 食品及卫生安全管理

食品及卫生安全对于早教机构而言具有重要意义。“三鹿奶粉事件”“毒腐竹”“禽流感”这些食品安全事件，使得人们对早教机构的食品及卫生安全问题很关注，孩子吃什么，吃得好不好，对于早教机构而言，是一件极其重要的内容，时刻牵动着婴幼儿家长的心。所以加强食品及卫生安全的监督与管理也就变得更为迫切了。0~3 岁婴幼早教机构安全管理有哪些具体要求，这些要求又可以分为哪几种类型，具体内容详见下表。

表5-3 早教机构食品安全管理要求[①]

序号	类型	要求
1	明确责任，合法经营	在经营的过程中，完善食品安全管理机构，形成以校长为第一责任人的安全管理小组，组织食堂安全管理人员认真学习、落实《中华人民共和国食品安全法》的相关规定，严格履行各级各类工作人员的职责。完善食品管理规章制度，对于食品的采购必须符合国家《食品标签通用标准》检查卫生许可证以及产品检验合格证，并且由相关人员进行验收。落实食品生产经营者权利，早教机构应该接受卫生监督部门的检查与指导，食品生产单位可以行使要求公开办事依据、办事程序、知晓监督的权利，可以依法保护自身的合法权益。同时要有承担生产经营食品的法律责任的勇气
2	提升素养，强化技能	在早教机构中。食堂中的操作人员是最主要的人员。因此，管理者应该组织食堂人员及相关人员进行学习、熟记《中华人民共和国食品安全法》的内容。此外，要提高警惕，拒绝无关人员进入，强化其管理和保护，防止投毒事件，一旦发生，立刻报告寻找其原因，解决问题
3	人员操作，细化管理	首先，应该营造一个整洁的卫生环境。食品原料要做到分类存放，厨具与用具做到及时清洁与消毒，及时清理垃圾。其次，对于从业人员的选择要严格，选择健康的人员，每年组织从业人员进行体检，办理健康证，持证上岗。最后，对于食材的加工要严格，采用清洁的原料。调味品及食品添加剂对婴幼儿是无害的，加工好的食品应该进行留样，用专门的用具盛放并进行冷藏，保存时间为48小时并做好相关记录

① 张春炬，李芳. 幼儿园安全管理策略[M]. 北京：中国轻工业出版社，2017.

0~3 岁婴儿早教机构卫生安全管理，可从三个维度来管理：第一，在日常管理中要做好卫生消毒工作，营造舒适的环境；第二，在特殊时段管理中要加强监督，预防传染病；第三，在安全意识形态方面，要做好家园合作，提升家长卫生安全的意识。具体要求详见下表。

表5-4 早教机构卫生安全管理要求[1]

序号	类型	要求
1	做好卫生消毒工作，营造舒适的环境	每日对室内外环境打扫应在婴幼儿离开后或者未到达早教机构前进行。婴幼儿使用的被褥每周进行一次晾晒，婴幼儿使用的桌椅每日进行消毒与擦拭。每日对窗台、门把手进行消毒。厕所与洗手池是婴幼儿经常使用的地方，每日早中晚各进行一次冲洗与清刷。婴幼儿的玩具每周进行一次消毒与冲洗。
2	加强监督，预防传染病	春季与秋季是传染病高发的季节。在此阶段，严格执行检查与预防工作，阻断病源的传播。一旦发现传染病立即采取隔离措施并进行报备。早教机构内常见的传染病主要有猩红热、麻疹、手足口病等。
3	做好家园合作，提升家长卫生安全的意识	早教机构可以开设家园健康宣传栏、家长开放日、家园联系手册等向家长根据本班婴幼儿的发展特点宣传一些常识，引起家长的重视，做到家园一致，有利于工作的顺利开展。

5. 网络安全管理

计算机时代的到来，网络安全管理显得尤为重要。对于网络安全管理应做到：首先不得利用早教机构内的网络发布一些危害社会和国家安全的信息。其次对记录在早教机构内的婴幼儿信息做好妥善的保管，不得泄露婴幼儿的个人信息。最后网络管理员应对早教机构的网络使用情况进行监督和维护，防止病毒的侵入，做好早教机构网络安全管理工作。

6. 财务室

0~3 岁婴幼儿早教机构的财务管理者，负责机构内的财务安全。这可以为早教机构的持续发展提供必要的条件。早教机构财务管理包括财务安全管理制度、财务安全管理意识、财务的支出费用三种类型，这三种类型的具体要求，详见下表。

---

① 张春炬，李芳. 幼儿园安全管理策略[M]. 北京：中国轻工业出版社，2017.

表5-5 早教机构财务管理要求[①]

序号	类型	要求
1	财务安全管理制度	设置专门的财务安全管理岗位，对机构内的支出和收入有明确的记录，了解其来源与去向并做好审核工作避免不必要的误解，对于财务安全管理人员要求持证上岗
2	财务安全管理意识	开展安全知识的培训，强化其风险意识，谨防网络诈骗等。在财务室设置摄像头来保管贵重物品
3	财务的支出费用	坚持“量入为出，收支平衡”的原则。对机构内的财务制度进行公示，并设置专门的审查机制来进行监管

7. 消防安全管理

早教机构进行消防安全管理是为了预防或消灭火灾。对于消防安全管理应该做到以下几个方面。首先要了解火灾的隐患，做到防患于未然。早教机构常见的起火原因有以下几个方面：责任意识不到位、设备设施不达标、操作流程不规范、物品使用不得当以及受外界的影响。其次，完善其管理体系。制定消防制度和应急预案，如消防安全制度、应急预案；完善、健全消防设施、定期开展消防隐患排查；认真对待上级的检查、仔细开展机构内的排查。然后，开展教育活动。对教职工进行安全培训、对婴幼儿进行安全教育。比如安全教育进课堂、进行多种形式的主题活动、创设良好的环境、进行标签或提示语的运用。最后，实施消防演习。在进行消防演习时，应该制定演习方案、做好演习前的准备工作、对演习内容进行很好的规划。

二、心理安全管理

婴幼儿的心理发展不仅影响其身心的健康发展，对以后人生的发展也具有重要作用。关注婴幼儿心理健康发展，掌握其发展的特点与规律，促进其身心健康和谐发展。婴幼儿心理安全管理的内容包括：

1. 教师与婴幼儿之间的关系管理

师幼之间的互动是营造和谐关系的前提。陈鹤琴说过：“有什么样的环境就会有什么样的刺激。”说明了环境对婴幼儿成长的重要性。为了能够使婴幼儿健康快乐地成长，教师要为婴幼儿创设一个轻松愉快的、敢于表达自己想法的环境。让班级成为婴幼儿的第二个家，在班级中能够感受到温暖与快乐。教师也要有大爱无疆的精神，用心呵护每一个婴幼儿，尊重婴幼儿的意愿，给婴幼儿创造更多的自由活动的时间与空间。教师要经常与婴幼儿进行交流，聆听他们内心深处的声音，不断的交流能够使教师对婴幼儿的心理

① 张春炬，李芳. 幼儿园安全管理策略[M]. 北京：中国轻工业出版社，2017.

发展有一定的发现，便于教师能够快速地做出回应满足婴幼儿的需求。

2. 婴幼儿之间的关系管理

婴幼儿之间的关系是营造和谐关系重要条件，婴幼儿之间的关系也就是我们说的同伴关系，它是影响婴幼儿发展的另一个重要因素。一个班级内的婴幼儿之间的同伴关系取决于婴幼儿的性格特征，一般来说性格活泼开朗、外向的婴幼儿更受同伴的欢迎，同伴关系越好。性格比较内向、不愿交流的婴幼儿在群体中容易被忽视，面对此种情况教师应该引导婴幼儿通过交流、合作、分享、帮助来建立友好的同伴关系。

3. 父母与婴幼儿之间的关系管理

家庭是婴幼儿出生时最早接触的教育环境，对婴幼儿的发展具有潜移默化的作用。在家庭生活中经常争吵的父母会给婴幼儿的心理发展带来童年阴影。为了能够使婴幼儿有一个健康的心理，教师需要对其父母进行引导。首先是言语的交流上，父母不要太过严厉，经常恐吓婴幼儿，也不要溺爱婴幼儿，也不要经常嘲笑、批评。溺爱的婴幼儿很容易形成婴幼儿以自我为中心，造成自负的心理。经常嘲笑、批评婴幼儿容易打击婴幼儿的自尊心，造成自卑感。

其中，特殊家庭的婴幼儿的心理安全问题不容忽视。例如单亲家庭、隔代抚养等。单亲家庭是指父母中的一方与婴幼儿组成的家庭。对于单亲家庭的婴幼儿教师应善于发现他们的长处，给予表扬与鼓励，并且告诉家长要多陪伴孩子，参与孩子的成长。隔代抚养是指父母因工作的原因将婴幼儿交给双方的父母进行抚养，这是当今社会普遍存在的一种现象。隔代抚养容易产生两种儿童，一种是过于溺爱、造成婴幼儿胆小；另一种是太过强势。针对以上两种不同的婴幼儿采取不同的教育方法，对于胆小的婴幼儿教师要多给予关心。面对强势的婴幼儿在与同伴发生冲突时，教师要采取说服教育的方式，必要时可采取隔离，从而纠正婴幼儿行为。

三、早教机构安全管理的要求

对早教机构进行安全管理应该做到四个到位：认知到位、组织到位、措施到位、制度到位。[①] 认知到位指的是在思想上必须认识到安全管理的重要性。因为思想是行动的先导，只有思想上有了深刻的认识，才能在工作中有明显的作用。组织到位是指成立由上到下的安全领导小组，明确各部门的安全职责。从而形成完善的管理模式。制度到位指的是婴幼儿的一日生活是多样的，为了保证婴幼儿能够健康的成长，应该在制度上做到位。比如婴幼儿接送制度、交接班制度等。措施到位指的是为了早教机构安全顺利地进行下去，应采取相应的防范措施，如安全标语、安全培训等。

---

① 邬玉花. 幼儿园安全管理在建立平安校园中的作用[J]. 才智，2020（7）：243.

（一）树立安全第一，预防为主的原则，提高安全意识

生命是宝贵的，人的生命只有一次。在面对安全事故时，必须把保护生命放在首位。再加上婴幼儿身心发展的特殊性，使得保教人员成为婴幼儿安全的保护者且责任重大。早教机构应该采取有效的策略，加大对保教人员安全教育的力度，培养良好的安全意识与能力。时刻给保教人员敲响警钟，将“安全工作大于天”的理念根植于保教人员的内心。

安全意识包括预防意识、细节意识、奉献意识。预防意识主要是树立预防第一的思想；细节意识是要做到细节决定成败；奉献意识就是要做到不能将自己置身事外。除了要加强保教人员的安全意识外，还要加强对婴幼儿安全意识的培养。让婴幼儿知道必要的安全保健常识、学习保护自己，并将安全意识渗透到日常的教育教学或者游戏中来提高婴幼儿的保护意识。

（二）完善安全管理制度，明确各部门的职责

拥有完善的安全管理制度能够有效预防安全事故的发生。早教机构应该建立不同层次的安全管理制度，明确自己的安全责任。第一，建立校长责任制。校长要组织建立健全早教机构安全保障体系，全面检查和落实各项安全责任制和安全绩效管理机制。加强日常生活安全管理，检查消防疏散通道、安全出口的设置事故通畅；设施、设备、食品、饮用水是否安全、婴幼儿的安全教育、防护措施以及对家长的宣传是否到位，消除安全隐患。保教主任要加强保教人员的安全教育培训，负责突发事件应急预案的制定和事故发生后应急预案的启动，协调周边社会环境的安全保障。第二，建立分层管理体制。明确各部门、各岗位的职责，签订安全工作协议。只有各部门的岗位人员明确其安全职责，才会形有效的安全管理格局。

（三）建立有效的监督机制，规范其行为

有效的监督机制可以时刻提醒保教人员要重视婴幼儿的生命安全。早教机构的安全工作除了保教人员的自我意识之外还需要有效的监督机制。因为监督机制起着重要的保障作用。这就要求各级管理人员根据早教机构安全工作体系做好安全工作、发现安全隐患、督促安全隐患排查落实到每个岗位，每个时间段，根据安全工作规律进行梳理、预测安全隐患并做好记录，发现问题协调有关人员第一时间进行清理整改，以促进各项安全工作的落实。

需要特别注意的是，安全检查监督管理工作不是哪个部门、哪个领导的责任，重要的是需要树立人人参与管理的意识，调动每个教职工的安全工作的积极性，每个人要明确责任目标，都要自觉地对安全管理工作进行积极参与和密切配合，共同保证安全目标的实施。

（四）消除安全隐患，加大安全管理力度

健全的安全体系和规范的安全管理为早教机构安全工作的实施提供了保

障。近年来发生的多起“虐童”事件，反映出某些早教机构中法人法律意识淡薄。组织保教人员认真学习并严格执行《中华人民共和国未成年人保护法》等一系列法律法规文件，树立法治观念，明确校长、副校长、部门负责人以及各岗位的职责，按照相关法律法规的要求，规范安全工作行为。切实加强对各级部门安全工作的领导，严肃对待各级部门的安全管理工作，界定各级人员安全责任范畴，对因玩忽职守酿成重大事故的有关人员要依法依纪严肃查处。

第三节
早教机构安全管理的途径与方法

某早教机构通知当天进行火灾演练，但并未告诉具体的时间。下午3点，正是婴幼儿饮水、吃午点的时间，火灾演练的警报拉响了。豆豆班的宋老师（即第一责任人）发现险情，第一时间冷静地告诉孩子们“失火了！”然后带领孩子们打湿小毛巾，捂住口鼻，低头弯腰一组一组地撤离教室，在撤离的过程中，孩子们安静、有秩序，只用了不到两分钟就全部搬离到了室外。而旁边的小精灵班教师是一位新来的教师，第一次经历火灾演练，经验明显不足。当警报拉响时，班级内的婴幼儿有的在教室吃点心，有的在盥洗室，还有的在穿衣服。听到警报后。老师慌了，不知道该怎么办好，她用了20分钟才带领孩子们慌忙地跑出教室。如果真有火灾发生，后果不堪设想。

托育机构的安全管理

一、早教机构安全管理的途径

早教机构的安全管理有其自身发展的特点，需要早教机构内的人员在具体实施的过程中进行不断的总结，实施有效的安全管理途径，才能够降低其发生意外的事故。早教机构的安全管理途径可以通过多种方式来实现。

（一）安全教育

安全教育是早教机构进行安全管理的重要途径。说起安全教育我们可能只想到对成人进行安全教育，提高他们的安全意识来保护婴幼儿。但婴幼儿的一日活动大部分是在早教机构中进行的，所以交给婴幼儿一些日常的安全知识也是非常有必要的。

1. 针对教师开展的安全教育

早教机构为了提高教师的安全意识可以采取职前培训和职中培训两种方式，新进入早教机构的教师对安全教育的重要性还没有深刻的认识，可以采取“先培训后上岗”的制度，这样教师能够在实践的过程中把安全教育重视起来。对于经验丰富的教师我们要采取职中培训，定期举行安全教育竞赛或者安全教育讲座的相关知识来不断提升安全意识；经验丰富的老师也可以把在实践过程中可能遇到的一些安全问题分享给新进入早教机构的老师，来应对一些突发情况。完善的制度是教师在执行过程中的有力手段，早教机构为了能够避免安全事故的发生，通常会制定一些安全管理制度，例如《安全工作检查制度》《疾病防控制度》等，有了制度并不是说就完美无缺了，最重要的是制度的执行，在执行的过程中要让教师时时看得见、听得见。

2. 针对家长的安全教育

家长是婴幼儿的第一监护人，有责任、有义务保护婴幼儿健康成长。早教机构不仅要对教师进行安全教育，同时也应有责任和义务向家长宣传一些安全教育知识，避免家长的知识误区。因为很多家长认为婴幼儿被送到早教机构就应该由老师负责他们的一切，与家长没有关系。为了消解这种错误的观点，早教机构可以通过家园联系手册、家长开放日、家长会向家长宣传一些相关的法律知识，能够让家长明白作为第一监护人的重要性。

3. 针对婴幼儿开展的安全教育

婴幼儿是早教机构的主体，所以对婴幼儿开展安全教育才是重中之重。为了能够使婴幼儿学会一些安全常识，早教机构对婴幼儿普及安全教育内容包括：

（1）生活安全教育

婴幼儿由于知识和经验的缺乏，在探索一些事物的过程中可能会存在一些潜在的危险。这时家长和教师有必要对婴幼儿开展一些安全教育。教婴幼儿认识一些常见的安全标志，并明白其中的含义。教给婴幼儿一些自我保护常识，比如：陌生人给的东西不要、不给陌生人开门、不要告诉陌生人家人的信息等。还要告诉婴幼儿日常生活中常见物品的一些危险因素，比如电器不可乱摸等。

（2）食品安全教育

物质丰富的今天，食品的种类多种多样。在满足婴幼儿需求的同时，选择健康的食物才是最重要的，对于婴幼儿食品安全教育应做到：让婴幼儿养成良好的进餐习惯，不能暴饮暴食。并告诉婴幼儿哪些食物可以吃、哪些不可以吃；哪些可以生吃、哪些不可以生吃；还要让婴幼儿明白对于一些不认识的物品不可以放进嘴里，以防发生中毒。

（3）消防安全教育

根据从事多年教学工作的一线教师的经验总结出，婴幼儿的消防安全教育包括：教师应用新颖的、多样的、吸引婴幼儿兴趣的教学用具向婴幼儿展示火灾的危害，提醒婴幼儿不要玩火，还要交给婴幼儿一些遇到火灾的逃生技能，也可以带领婴幼儿去参观消防队的消防车，由消防员叔叔向婴幼儿讲解一些消防知识，让婴幼儿的记忆更加深刻。

（4）交通安全教育

因交通事故造成青少年死亡的人数在逐年递增，所以对婴幼儿实施交通安全教育尤为迫切。交通安全教育主要包括：了解交通规则，如红灯停、绿灯行、黄灯亮了等一等；过马路时要走斑马线；不在有车的道路上嬉戏、打闹等。还要让婴幼儿认知常见的交通标志，比如禁止鸣笛、禁止通行等。

（5）防触电、防溺水、防烫伤教育

电与水是两种神奇的事物。生活中无处不在，无处不见，却又无处不存在着危险。对婴幼儿进行防触电教育时，要告诉婴幼儿不能随便玩电器，更不能用湿手触碰电器，以防发生触电事故。一旦有人发生触电事故，正确的做法是向成人进行求救，请他们立刻切断电源或者用干燥的木棒挑开，千万不要因害怕或者着急用手去拉触电人。防溺水教育主要包括告诉婴幼儿不可以独自或者和小朋友在没有家长监护的情况下独自去河边。如若在河边发现有人失足时，应向周围的人大声求救或者拨打 110，切记不能自己盲目下水。婴幼儿常见的烫伤主要是热水或者热油。为了避免烫伤事故的发生，教师和家长要告诉婴幼儿远离这些物品。一旦发生烫伤事故，如果是轻微的烫伤，应及时用凉水进行冲洗；如果比较严重，应及时带婴幼儿去医院就诊，以免耽误治疗。

（6）游戏安全教育

早教机构主要以游戏为主，游戏是婴幼儿的全部。在游戏的过程中，教师要教会婴幼儿遵守游戏规则，遵守规则才能使游戏进行下去。还要教给婴幼儿游戏过程中玩具的正确使用方法，以防婴幼儿经验不足造成意外。

（7）药品安全教育

现在婴幼儿的药品颜色鲜艳、造型可爱，深受小朋友的喜爱，小朋友常常将药品当成糖果去品尝。面对此种情况，教师一定要告诉婴幼儿不能随便品尝。小朋友生病后必须去医院就诊，遵照医生的嘱咐进行服药。

（二）安全演习

在早教机构中进行安全演习是为了应对突发事件而展开的练习，进行安全演习能够提高保教人员应对突发事件的能力，提高其灵敏性。之所以教师和保教人员不能正确处理安全事故，原因之一是其缺乏锻炼的机会。在早教机构中创设一种类似的真实的环境，让婴幼儿和保教人员都处于一种紧张的状态。在这种状态下，保教人员和婴幼儿才能够成长得更快。以后面对类似情况能够快速准确地做出处理。

（三）构建社区、家庭、早教机构安全管理的一体化

构建家庭、社区、早教机构安全管理一体化是当今社会发展的趋势。只有把家庭、社区、早教机构完美地结合起来，才能实现早教机构安全管理的

运营与发展。早教机构作为安全管理的主体，要把安全管理做到位，加强对相关人员安全管理的培训，掌握早教机构安全管理的先进理念，能够处理日常生活中常见的安全事故，提升教师的安全管理能力和水平。家庭作为婴幼儿最早接触的环境，对婴幼儿的发展具有潜移默化的影响，家长要树立正确的安全理念，与早教机构同步发展，共同培养婴幼儿的独立与自我保护能力。社区应为早教机构提供丰富的资源，为早教机构的安全管理作出贡献。只有将三者结合起来才能为早教机构的安全管理提供一道屏障。

（四）创设安全的环境

说起环境我们可能只想到了物质环境，忽略了心理环境的创造。而心理环境的创设在婴幼儿的发展过程中具有举足轻重的作用。为婴幼儿营造一个安全的环境是婴幼儿进行活动的前提条件。

1. 物质环境的创设

物质环境的安全主要是指早教机构内的设施和场地的安全。早教机构为了保证婴幼儿的安全，应对早教机构内的设施进行定期的检查与维护。有条件的话可以提升早教机构的硬件设施，紧跟时代发展的步伐。对于一些容易发生安全事故的地方，可以进行一些提示或者采用一些具有相同性质的安全隐患小的物品进行代替，消除安全隐患，为婴幼儿创设安全的物质环境。

2. 心理环境的创设

心理环境的创设主要是要注重婴幼儿情绪情感的发展。婴幼儿在成长的过程中难免会遇到一些危险，在这时教师和家长就要注重对婴幼儿情绪情感的观察，用一些语言和肢体动作来安抚婴幼儿的情绪，使婴幼儿的心理能够感受到自己处于一种安全、温馨的环境之中，防止婴幼儿产生焦虑和不安全的情绪。为了能够有效避免这种情况的发生，教师要注重对婴幼儿安全意识和自我保护能力的培养。

二、早教机构安全管理的方法

安全管理是婴幼儿在早教机构中管理的重要部分，运用有效的方法能够对早教机构的安全管理起到重要的作用。但目前针对早教机构存在法人安全管理问题，早教机构应结合婴幼儿身心发展的特点与规律、考虑到早教机构的特殊性，采取适当的方法来进行安全管理。[①] 目前，随着早教机构市场的火热，越来越多的人开始盲目创办早教机构，出现了“早教机构潮”的现象，随之而来的问题就是质量问题，而摆在首要地位的就是安全问题。这是由婴幼儿的身心发展特点决定的。

婴幼儿安全防护十忌

首先，一些早教机构的资质不够，管理不到位。一些早教机构为了盈利，

① 卢慧芳.提高幼儿园安全管理时效性的有效办法[J].学周刊，2020（2）：19-21.

开设在家属楼、缺乏相关的手续证明。安全管理工作也不到位，只是形式主义，最终导致了安全管理问题的出现。例如一小名叫朵朵的女孩因父母工作繁忙将其送到离家比较近的家属楼的一个早教机构中，一天母亲下班后，去接朵朵回家却被告诉已经被接走了。母亲情急之下报了警，发现朵朵被陌生人冒领并对其进行伤害，之后小女孩经常做噩梦。父母认为这是因为早教机构的失职对婴幼儿造成的伤害，并将早教机构告上了法庭。其次，某些早教机构安全意识薄弱。由于婴幼儿安全问题具有突发性，所以需要早教机的安全管理人员具有高度的安全意识，以防安全事故的发生。对于早教机构的安全管理人员必须进行安全培训，普及安全知识。在早教机构任职时间长的人员可以把一些在日常生活中的可能发生的安全事故进行分享，提高安全管理的素养。例如某早教机构夏季因蚊虫太多点燃蚊香导致被褥着火造成婴幼儿死亡。这次事故就是由教师的安全意识薄弱造成的，所以高度安全意识的树立是非常有必要的。最后，早教机构在家园合作力度方面不是很到位。早教机构与家庭教育理念的不一致，也可能是导致安全事故的原因之一。生活条件的改善使得婴幼儿的生活环境更加舒适，父母的溺爱导致婴幼儿的独立意识差，自我保护能力比较弱，在面对安全事故时，没有能力去处理。而早教机构重在对婴幼儿的独立意识、自我保护意识的培养，这使得家庭与早教机构的教育理念出现的偏差，导致安全隐患的存在。那么，针对早教机构存在的安全管理问题，早教机构应采取的安全管理的办法有以下几个方面：

（一）创新安全管理模式

一个早教机构想要实现可持续发展，必须跟上时代发展的脚步和潮流。旧制度、旧模式已经不能满足时代发展的需要。面对这种情况，只有进行不断的创新才能满足其需求。在进行创新的过程中，坚持安全第一，预防为主的理念。要把婴幼儿的安全健康成长放在首位，同时也可以借鉴国外早教机构先进的管理经验，结合本民族的、本机构的安全管理特点进行改进，寻找适合自己的管理方法。为婴幼儿的启蒙教育营造一个舒适、安全的环境，把其威胁婴幼儿安全的因素降到最低。

（二）更新机构内外设施

拥有完善的机构内外设施是婴幼儿进行活动必不可少的一部分。但时代在不断发展，机构内外的设施也需要不断更新与发展，拥有良好的设施既是吸引家长的一个优势所在，也能够在一定程度上避免设施安全事故的发生。针对机构内外的设施，早教机构应安装摄像头，对婴幼儿的活动有一定的了解。同时也为家长能更好地了解婴幼儿在早教机构的活动表现提供一个平台。早教机构中的管理人员也应该对机构内外的设施零件进行定期的检查与维护，做到万无一失。

（三）加强活动监督力度

在活动过程中加强监督力度能够有效地避免安全事故的发生，婴幼儿由于年龄较小、活泼好动、好奇心比较强烈，喜欢探究一些事物。然而在探索事物的过程中由于知识、经验缺乏，没有合理地使用器具，在操作的过程中存在危险，这时就有必要介入婴幼儿的活动，加强婴幼儿在活动过程中的监督力度。介入时要以一种婴幼儿喜欢的、亲切的方式进行，因为介入的目的并不是为了中断活动，而是能够及时发现婴幼儿在活动过程中存在的隐患并进行有效的避免。

（四）提高安全管理效率

安全效率低的一个重要原因是缺乏有效的制度。而提高安全管理效率最有效的方式就是实行奖励制度。奖励制度与安全管理工作挂钩可以使教师更加积极地工作，对婴幼儿的关心更加细微，安全管理工作更加到位，安全意识更高。例如早教机构可以根据老师安全管理的表现采取评比的方式，设置等级制度，工作越到位，等级制度越高，奖励越优厚，采取这种方式一方面可以不断地激励老师积极进取，提高安全意识；还可以使早教机构的安全管理工作方便、简单。

（五）落实机构内部管理

早教机构的内部管理，从包括婴幼儿的一日生活到婴幼儿在早教机构的各项活动都要进行安全管理，对其进行管理的方式是对早教机构的内部人员进行安全知识培训，树立安全意识，提升责任感，使各项安全意识观念深入人心，有效预防安全事故的发生。

本章回顾

本章主要以0~3岁婴幼儿在早教机构的安全管理为核心，针对婴幼儿在早教机构常见的安全事故提出了婴幼儿安全管理的含义与意义、内容与要求以及方法与途径。其中重点是早教机构安全管理的内容与实施方式，教师能够在实践过程中针对常见的安全事故做出快速正确的处理，以此来不断提升其安全管理能力。

思考与训练

1. 针对早教机构中的消防安全管理设计一个消防演习疏散方案。
2. 根据早教机构内不同年龄段的婴幼儿的身心发展特点与规律设计一个

安全教育主题活动，具体包括设计意图、活动目标、活动重难点、活动过程以及活动延伸。

实操实训

1. 收集婴幼儿安全教育方面的儿歌，并设计一次安全教育艺术活动，以婴幼儿参与度作为该活动的评价标准。

2. 组织早教机构教师观看消防栓正确使用的视频，并和婴幼儿一起进行火灾逃生实地演习活动。

3. 构建婴幼儿教师火灾逃生演习课程。

准备火灾现场逃生的视频、火灾现场的情景布设、用水浸湿的小毛巾，教师学习如何引导婴幼儿在火灾模拟现场进行有秩序的逃离，掌握突遇火灾的基本常识、逃生方法及其自救措施。

拓展活动：教师在家长群中发送课程资源，借助婴幼儿家长来巩固婴幼儿逃生演习的效果。

推荐阅读

北京市教育委员会 .0~3 岁儿童早期教育指南［M］. 北京：北京师范大学出版社，2010.

第六章

早教机构的班级管理

进行班级管理是早教机构完成教学目标的途径之一，在早教机构班级管理中，教师作为班级管理的关键人物，承担着非常重要的角色，既要为 0~3 岁婴幼儿营造一个温馨、舒适的班级环境，又要熟知班级管理的内容，并能够将班级管理的原则及方法运用到班级管理具体情境中，有针对性地对班级进行有效的管理。通过采取一定的教育策略，促进婴幼儿身心全面发展，最终实现管理目标和育人目标。

教学目标

1. 了解早教机构班级管理的含义、特征及功能，知道早教机构班级管理的内容。

2. 掌握早教机构班级管理的方法及途径，并能在具体情境中加以运用。

3. 理解早教机构班级管理的原则及其运用的情境。

教学重难点

学习重点：早教机构班级管理的内容、方法及途径。

学习难点：理解早教机构班级管理的原则，学习如何在具体情境中进行早教机构班级管理。

思维导图

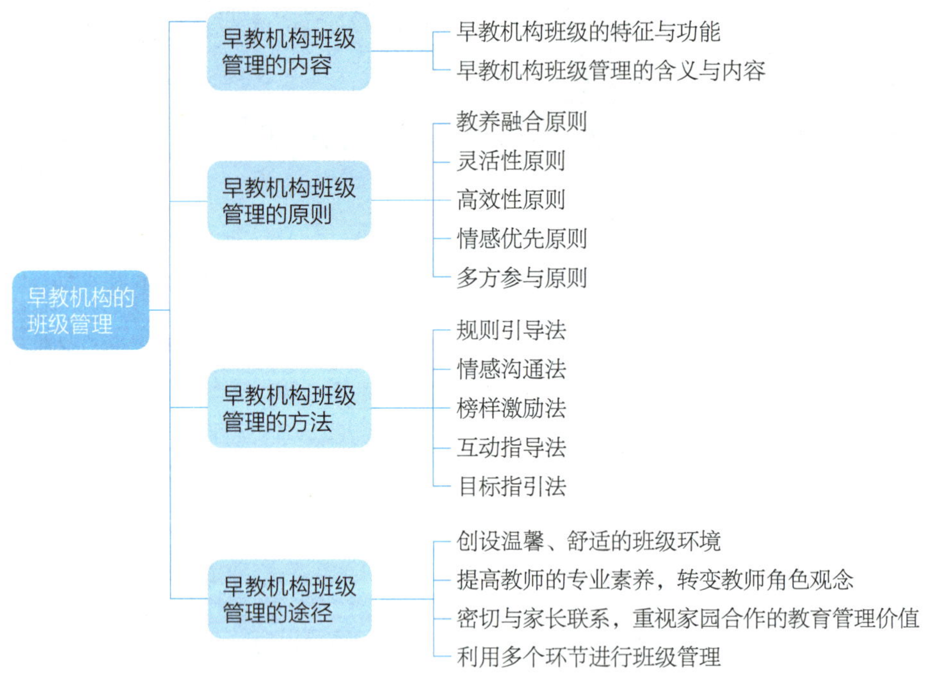

第一节

早教机构班级管理的内容

豆豆是25个月大的男孩，刚来早教机构时，豆豆玩完玩具之后总是喜欢把玩具乱扔，从不会将玩具放回原处，老师耐心告诉他玩玩具规则，并且积极与其家长沟通，希望通过家园合作共同帮助豆豆形成相应的规则意识，但他的家长不予理睬，认为豆豆这样做是解放天性，没有任何不对，不接受和不采取任何教育建议。另外，在班级集体活动时，豆豆总喜欢捣乱且大喊大叫，影响其他小朋友，经常导致活动进行不下去。

思考：遇到这种情况，如果你是豆豆的老师，你怎样处理豆豆的问题？你会如何与豆豆家长沟通？

一、早教机构班级的特征与功能

早教机构班级是早教机构的重要组成部分之一，其类似于一个家庭，同时也是婴幼儿最先接触的小社会，是最贴近婴幼儿的真实生活环境的一个重要场所。因此，进一步了解早教机构班级的特征及功能，把握早教机构班级管理工作的规律，利于早教机构班级管理工作的有效进行，给婴幼儿提供更好的生活与学习的班级环境。

（一）早教机构班级的特征

1. 规范性

规范性指早教机构班级作为婴幼儿生活与学习的场所之一，婴幼儿的行为受到一定的约束，婴幼儿需要遵守早教机构班级制定的行为规范和准则。除了婴幼儿，班级内其他的教育人员，如教师、保育人员等也需遵守一定的行为规范及组织秩序，班级内的所有成员都被一定是秩序规范约束，是班级内部逐渐形成规范性，且这种规范性与约束力是在与班级环境的相互作用下，潜移默化形成的。因此，班级中需要制定行为规范准则，建立班级生活制度，发挥其约束性，形成规范性，进一步保证班级保教活动的顺利进行，同时促进婴幼儿身心全面发展。

2. 集体性

集体性是指早教机构班级是集体性组织，成员间在共同的教育目标之下进行保教活动。在这种集体活动中，每位成员都在发挥着自身的最大价值，促使早教机构这个集体更有意义。在这个集体中，处理人际关系是非常重要的一项任务，处理好教师与教师、教师与婴幼儿、教师与家长的关系都有利于班级整体的发展。另外，在班级管理中，教师作为中间者，应发挥集体的影响力，使其相互作用，相互影响，最终的目的是让婴幼儿在集体环境中得到发展与成长。

3. 规律性

规律性是指早教机构的班级中，教学活动的设置从婴幼儿的兴趣、需要出发，遵循婴幼儿的身心发展规律及特点，满足婴幼儿的学习与游戏的需要。在早教机构的班级中，规律性还体现在对一日生活的各项活动进行组织引导，进行有序、合理的安排。早教机构班级一般会在统一要求的基础上形成适合各年龄阶段的班级活动时间表，既满足班级日常生活的需要，也满足早教机构对各年龄班日常活动的总体要求。

4. 保教渗透性

保教渗透性是指早教机构班级的工作既要有保育又要有教育，两者相互结合，相互渗透。在婴幼儿的各项活动中，如晨检、游戏、教育活动处处都体现着保教结合的特点。因此，早教机构班级活动的安排要考虑婴幼儿生活、游戏、学习、发展等方方面面，满足所有婴幼儿的需要时，兼顾不同婴幼儿的不同的需要，且根据活动的性质采取不同的形式进行，以达到保教结合的双重目的。除了教学上要保教结合，早教机构教师也应树立正确的保教观念，在正确观念指导下进行保教活动。

5. 目的性

班级管理的主要目的是创造一个有利于婴幼儿成长的环境，完成相应的教学活动，促进婴幼儿的成长。班级管理的目的性主要体现在教学计划制定以及环境创设中。教师根据不同年龄阶段婴幼儿的发展特点以及发展目标，制定适宜的教学计划。然而在环境创设过程中也体现着早教机构班级的目的性，教师会根据当前教学安排，布置教师墙饰，间接发挥环境的教育意义，达到教学目标。

（二）早教机构班级的功能

1. 规范功能

早教机构班级的规范功能是指班级在规范婴幼儿以及保教人员言行方面具有约束和规范的重要作用。教师通过组织和策划各类教育活动，高效地对班级所有婴幼儿进行系统性和循序渐进的教育，逐渐形成一种制度化、规范化的教育。班级活动都是在科学合理的计划之上进行的，它规范着班级婴幼儿的发展方向，使婴幼儿在各种活动中逐步形成独特的个性、行为习惯等。早教机构的规范功能主要体现在行为习惯、规则意识等。

2. 教养功能

教养功能蕴含着教养和养育两种目标。

教育功能的发挥可以有效保证教育目标的实现，早教机构班级管理的教育功能主要表现在促进婴幼儿身体、认知、社会性、情感等方面的发展，最终促进婴幼儿的全面和谐发展。首先，在促进婴幼儿身体的发展方面，教师在早教机构体育活动目标指导之下，根据婴幼儿的身体发展水平及特点组织教学活动，如早操活动、体育教学活动、户外体育活动、亲子互动活动等。其次，促进婴幼儿认知发展方面，认知发展是一个非常复杂的过程，根据0~3岁婴幼儿认知特点，教师则需更多的运动感官教育，通过直观、具体、形象的感官教具，培养婴幼儿正确运用感觉能力及有益的兴趣和求知欲望。在教育活动中引导婴幼儿运用各种感官进行探索，进一步提高婴幼儿的认知能力和思考能力，促进婴幼儿潜能的发挥。最后，促进婴幼儿社会性发展方面。社会性是指人在形成自我意识，进行社会交往，内化社会规范及道德标准，进行自我控制及表现其他社会行为时表现出的心理行为特征。良好的班级管理有利于促进婴幼儿社会性的发展，对培养婴幼儿社会性发展至关重要。

在婴幼儿阶段，社会性的发生也与父母息息相关，父母与其互动的程度是影响婴幼儿社会性发展的因素之一。一是鼓励父母要积极与婴幼儿进行互动，可以通过眼神、动作、肢体接触等，进一步促进婴幼儿社会性的发展。二是养育渗透在生活照料中，具体是指早教机构班级对婴幼儿具有生活指导的功能。0~3岁的婴幼儿身心正处于快速发展之中，自我意识、生活自理能力、自我保护意识薄弱，需要依赖他人的帮助。班级管理的生活功能具体指：第一，引导婴幼儿一日生活功能，如喝水、如厕、进餐等生活基本环节；第二，实施婴幼儿卫生保健的功能，如勤洗手、定时消毒玩教具、预防传染病等；第三，组织婴幼儿锻炼身体的功能，如带领家长与婴幼儿一起做宝宝身体操。

3. 激励功能

早教机构班级的激励功能是指早教机构班级作为一个集体活动中心，有着共同的教育目标，能够满足婴幼儿积极的心理需求，并能引发婴幼儿主体观念和意识，发挥婴幼儿的主动性。早教机构班级作为婴幼儿生活、学习、交往的重要空间，班级的创设需要满足不同发展水平的婴幼儿。也可以说，早教机构班级作为一个潜在的激励场，在满足婴幼儿多层次、多方面的心理需求同时，促使婴幼儿潜能的发挥。

4. 社会功能

教育本身就有社会功能，社会功能指实现社会价值的功能。在早教机构中，各年龄阶段的班级承担着不同的保教功能，不仅促进婴幼儿成长，还体现着社会对婴幼儿教育的要求。如促进婴幼儿身心全面发展，激发潜能，形成良好的个性，塑造完满型人格等，这些都是社会对婴幼儿教育的要求。在班级管理中，通过对婴幼儿实施必要的教育，间接实现着社会功能。

二、早教机构班级管理的含义与内容

（一）早教机构班级管理的含义

早教机构班级管理：广义的早教机构管理指凡早教机构教师在班级中进行的一切活动都称为班级管理；狭义的早教机构班级管理是指为了实现教育目的，保证各项教育活动顺利进行，从而将班级中的人、事、物等各项条件进行整顿、改善与处理。一般来说，早教机构班级管理是指早教机构班级中的保教人员通过计划、组织、实施、协调等过程，充分利用人、财、物、时间、空间、信息等资源，采取适当的方法以实现教育和保育的目的，促进婴幼儿身体、认知、语言等全面健康发展的一种管理活动。

（二）早教机构班级管理的内容

托儿所、幼儿园卫生保健管理办法（草案）

早教机构班级管理的内容非常之多，涉及教育工作的方方面面，包括班级环境管理、班级一日常规管理、班级安全管理、班级人际关系管理及家长管理工作等。

1. 班级中的环境管理

早教机构班级环境创设主要是指教师根据早教机构教育目标、要求和婴幼儿身心发展规律及需要，充分挖掘和利用早教机构班级生活环境中的教育要素，创设婴幼儿与环境积极作用的活动场景，把环境因素转化为教育因素，促进婴幼儿全面健康发展的过程。早教机构班级环境的创设是从班级物理环境和班级心理环境两个方面进行的。其中，班级物理环境是指班级空间的设计与利用，活动材料的数量、种类、选择与搭配等，主要通过班级环境布置、活动区布置等来体现。班级心理环境主要是指班级的氛围和人际关系等方面，体现在师幼关系、同伴关系等关系中。

2. 班级中的一日常规管理

班级中的一日常规管理是指需要婴幼儿经常遵守的班级规则和规定，是婴幼儿在一日生活的各个环节的各种活动中应该遵守的基本行为规范。它是早教机构班级管理的重要内容，建立合理的班级一日常规是婴幼儿一日各项活动的保证，班级常规管理的好坏直接关系到婴幼儿和教师的班级生活质量。班级一日常规涵盖了婴幼儿班级活动中的整个过程，涵盖班级生活的方方面面，主要包括一日生活常规和一日教育常规。每一种常规都有不同的实施要求，教师在相应的管理活动内要熟悉其实施要点，同时注意落实各个班级常规中的各个关键点，结合婴幼儿特点制定实施规则，也可根据婴幼儿的个性特征和实际需要灵活调整规则，因材施教等。

3. 班级中的安全管理

安全是早教机构班级顺利开展各项工作的必要前提和首要条件，也是婴幼儿身心发展的重要保障。一日生活的各个环节中安全隐患无处不在，因此，教师应对其中的安全隐患和操作要点了然于胸，尽可能做到防患于未然。班级管理中发生的意外事故，多因不健全的制度和不规范操作的人为原因引发。为了减少相应的安全事故，在班级管理中应注重日常的安全演练，提高安全教育效果。当意外发生时，教师应做好危机应对与善后处理，这就需要早教机构有处理危机的相应制度及应对策略。此外，在班级安全管理中也要避免对婴幼儿安全一味地消极保护或注重身体安全而忽视情感安全等误区。为了保护婴幼儿的安全，防止安全事故的发生，教师必须在日常工作中始终保持高度的安全意识，严格按照安全规范要求和标准来工作，并且能把安全教育和日常保教工作有机结合起来，把安全教育贯穿于婴幼儿每日的生活中，养成并提高婴幼儿的自我安全防范意识和能力，避免和减少安全事故的发生。

4. 班级中的人际关系管理

在早教机构班级中，主要涉及教师与婴幼儿、教师与同事这两类人际关系的管理。早教机构教师良好的人际关系，能让班级管理更高效。在教师与幼儿的关系定位中，教师是教育者、引导者、支持者以及合作者。为了赢得婴幼儿的信任和喜爱，教师需要积极主动地参与婴幼儿的活动，和其成为玩伴，并且做到温柔可亲，说话算数，不断提高自身形象，如语言、动作、气质等，依靠自身吸引婴幼儿。对于需要特别关注的婴幼儿，教师要给予更多的耐心和关注，帮助他们度过成长中所遇到的发展危机。教师与同事的关系分为教师与教师、教师与保育员两类，教师与教师是合作者、资源共享者、互助者等。教师和保育员之间的互相配合，在保教合一的教育理念之下，营造良好同事关系，为了共同的目标而努力。

5. 班级中的家长工作管理

在班级管理中，家长和教师一样，同为教育者，是为共同的教育目标——教育好孩子而结成的平等合作者。家长在班级管理中扮演着重要的角色，家长工作内容纷繁复杂，工作形式不一，如可以分为家长督促、家长参与班级管理的工作、班级家长会、家长开放日活动、QQ 群的日常型家长工作、班级小报等形式的家长工作。为了与家长建立平等合作的关系，教师要在与家长沟通的过程中，运用一定的技巧和策略，耐心倾听家长讲话，了解家长需求，反思自己在教学工作中的不足。当碰到不同类型的家长时，需要分类沟通。

第二节

早教机构班级管理的原则

李老师在布置教室内的墙面，常常根据自己的想法进行，完全不考虑孩子们的发展水平和认知特点，导致墙面上的很多东西孩子们都不理解，并且墙面上时常有装饰物掉下来，存在安全隐患。家长多次与李老师沟通、提出建议，但李老师不予理睬，并觉得班级里的事情和家长无关，于是随着时间的推移，家长逐渐对李老师产生了不满的情绪，家园之间的沟通与合作也受到了影响。

思考：如果你是李老师，你会怎样进行班级管理？如果你是李老师的工作伙伴，你会如何帮助李老师促进家园合作？

早教机构班级管理需要遵循一定的原则，教师在这些原则指导下可以更为有效地进行班级管理。早教机构班级管理的原则包括教养融合原则、灵活性原则、高效性原则、情感优先原则以及多方参与原则等。

一、教养融合原则

由于婴幼儿的年龄特点以及身心发展规律的特殊性，进行婴幼儿的班级管理要从实际发展需要出发，遵循教养融合的班级管理原则。教养融合要以养为主，把婴幼儿教育融入养育的过程中，从而促进婴幼儿健康、全面的发展。在教育与养育相结合过程中，二者是相互融合、相互渗透，同步进行的，它们之间构成不可分割的整体，即教中有养，意味着教育中渗透着保育的内容；养中有教，意味着保育中渗透着教育的内容。教养融合强调把婴幼儿的健康、安全放于首位。

在开展班级管理工作时，寓教于养，教育与保育相结合，进行自然渗透，促进婴幼儿生理与心理的和谐发展。由于婴幼儿年龄小，生活自理能力比较弱，在班级管理中常常是从养育开始的，如在婴幼儿生活方面，教师应科学合理安排婴幼儿的生活，做好饮食、饮水、喂奶、如厕等照护。在婴幼儿膳食方面，教师应根据婴幼儿的年龄阶段，科学制定食谱，保证婴幼儿膳食平衡等。在婴幼儿学习方面，应注重婴幼儿的学习方式，应以游戏为主要活动形式，提供适宜刺激，丰富婴幼儿的直接经验，支持婴幼儿主动探索、操作体验、互动交流和表达表现，发挥婴幼儿的自主性，保护婴幼儿的好奇心，促进婴幼儿在身体发育、动作、语言、认知、情感与社会性等方面的全面发展。另外，在游戏活动中应当重视婴幼儿的情感变化，积极与幼儿进行互动，使其获得积极的游戏体验。

在贯彻教养融合原则时，教师应注意遵循婴幼儿各阶段的成长特点及规律，充分了解婴幼儿当前的发展水平，有针对地选择和组织教养活动，促进婴幼儿全面发展。如当婴幼儿自己不会穿脱衣服时，教师可以利用这个教育契机教会婴幼儿穿脱衣服，通过这样的方式，能够提高其生活自理能力，又能达到教育目标。

二、灵活性原则

灵活性原则是指婴幼儿在不同年龄阶段会呈现出不同的发展特点，应根据不同的年龄阶段的特点采取适宜的原则对班级进行一个管理。如对 3 岁婴幼儿我们要进行一个规则意识的培养，所以在班级管理的时候我们要多设置一些规则意识的活动，来帮助婴幼儿发展这种意识。那 1 岁婴幼儿我们更注重的是情感的发展，所以我们更注重培养婴幼儿的一个兴趣和爱好，培养婴幼儿积极的情绪情感。

在 0~3 岁婴幼儿早教机构中，根据家长的不同需求，有全日托、半日托、计时托、临时托等多种类型的早教机构班可供选择。家长可以灵活选择适合自己需求的班型。早期教育机构班型设置的多样化、多层次，体现了选择的灵活性。在婴幼儿的生活作息安排上也体现着灵活性，一般来说，2 岁以下婴幼儿的生活作息安排往往根据每个婴幼儿生理特点及规律，进行个性化安排。而对于 2 岁以上的婴幼儿更多地安排集体统一的作息时间。

在运用灵活性原则时，要充分了解儿童及家长的实际需要，且教师要有足够的专业素养和教育机制。 如婴幼儿来早教机构时，刚开始是采用计时托，逐渐过渡到全日托，这样可以缓解婴幼儿不适应的情况。

三、高效性原则

教师进行班级管理的根本目的是提高班级质量，以促使婴幼儿能够得到更好的发展。高效性原则是指教师利用最少的人力、物力和时间进行班级管理，并使婴幼儿获得更好、更全面的发展。由于早教机构班级管理具有其特殊性，主要体现在管理对象的稚嫩性及管理内容的繁杂性，因此要根据其特殊性采取适宜的方法，对症下药，对班级进行有效管理。教师在进行班级管理时，首先应该明确当前班级管理中所出现的问题，并分析问题存在的根源，以此制定相应的管理策略。在实际日常工作中，教师的工作任务非常繁重，需要组织教育教学活动，与家长沟通交流，准备玩教具，布置室内外环境，做教研，等等。当面对如此繁重的工作任务时，教师要清楚地知道如何用最少的时间、最少的资源高效地进行班级管理。

运用高效性原则时，教师要从自身学习和借助外力两个方面入手。第一，通过学习来提高效率。教师可以借助网络和书籍进行管理学相关理论和技术的学习，能够确定科学合理的班级管理目标，制定相关的管理计划，并要根据班级的实际情况灵活应变。第二，通过借力来提高效率。通常情况下教师可以与有经验的教师进行交流找到特定问题的解决办法，教师还可以与家长形成良好的合作伙伴关系，在教养问题上与家长尽量达成共识，从而实现工作的效率和效用。

四、情感优先原则

情感优先原则是指在班级管理过程中，注重婴幼儿情绪情感上的体验，并使婴幼儿在积极的情感状态中学习，培养婴幼儿良好的情感品质。婴幼儿从母体出生后，需要不断地适应外部世界，在这一过程中伴随着一些消极的情绪，如恐惧、害怕等，所以为婴幼儿创设一个温暖、舒适的环境来满足婴幼儿情感的需要，要让婴幼儿感觉到外部环境是安全的，值得信任的，这也与埃里克森的人格发展阶段理论相符合。在早教机构管理中，教师应给予婴幼儿更多情感关怀，充分尊重婴幼儿的意愿及情感需求。由于婴幼儿的情绪情感逐渐丰富化，情感需要也逐渐成为婴幼儿精神需要的首位。因此，进行班级管理时，更注重是情感上的互动，及时回应和满足每个婴幼儿的情感需求、需要，使婴幼儿在生活与游戏过程中获得安全感、愉悦感、自主感、满足感，促使其身心良好地发育和发展。

在运用情感优先原则时，应关注婴幼儿的情感需要，为其创设尊重、关注、接纳及支持的精神环境，且及时回应婴幼儿的情感需求。

五、多方参与原则

早教机构班级管理的多方参与原则是指多个主体以多种形式共同参与到婴幼儿的活动中，实现班级管理的目标，共同促进婴幼儿和谐发展。在早教机构班级管理中，主要涉及的管理主体是教师、家长、社区等，他们之间形成有效的联结，促进早教机构班级健康、持续发展。

对于教师而言，教师在班级管理中更多的是以多种形式参与到婴幼儿的活动中，与婴幼儿共同开展有益的活动。如教师可以作为支持者，为婴幼儿提供支持性环境，或教师作为合作者与婴幼儿共同游戏等。对于家长而言，在进行早教机构班级管理中，家长是婴幼儿照护的主要负责人，也是早教机构班级的管理人之一。教师要积极与婴幼儿家长进行沟通，为婴幼儿家长提供科学早期发展指导，增强家长科学育儿的能力。如定期召开家长会议，帮助家长了解教养婴幼儿的内容和方法；成立家长委员会，了解家长的意见。另外还可以利用互联网等信息化手段，如微信公众号等定时推送相关的育儿知识。通过多样化的方式，让家长参与到班级管理。对于社区而言，早教机构可以积极与社区合作，加强与社区的联系，进入社区宣传育儿相关知识，并且可以深入社区，开展多种形式的服务活动，通过与社区紧密联结，促进婴幼儿早期发展。

在贯彻多方参与原则时，首先，教师应注意角色的变换以适应婴幼儿活动的需要；然后，对于家长而言，家长要与教师密切联系，关注婴幼儿的发展状况，学会科学的育儿指导方法；最后，社区要积极与早教机构合作，促进早教机构的发展。总之，教师、家长以及社区三方要形成管理合力，共同促进婴幼儿的健康发展。

第三节

早教机构班级管理的方法

星星是一个 28 个月大的女孩，她对搭积木特别感兴趣。在搭积木过程中总想把积木搭高，但尝试很多次之后仍然失败了，于是先后向同伴及家长寻求帮助，他们都是直接帮星星搭好，并没有告诉星星搭高的方法，最终星星还是不会将积木搭高，于是她又向老师寻求帮助。

思考：如果你是星星的老师，你会怎样帮助星星呢？

为了能有效地管理班级，确保对班级中每位幼儿都能够实施有效的教育与管理，从而达到早教机构的保教目标，保教人员必须掌握必要的科学的班级管理方法。正确运用班级管理方法既是每位保教人员应具备的基本工作能，又能使班级管理达到事半功倍的效果。在早教机构班级管理中常用级管理方法有规则引导法、情感沟通法、榜样激励法、互动指导法、引法等。

一、规则引导法

规则引导法是指用一系列规则引导婴幼儿行为，使其与集体活动的方向和要求保持一致，确保婴幼儿自身安全，并不危及其他人的一种管理方法，是对管理婴幼儿最直接和最常用的方法。这里的规则一般指已经制定好的或相关政策中规定的行为规范，其主要是幼儿与幼儿、幼儿与保教人员、幼儿与环境、幼儿与材料之间互动的关系准则。班级管理中的规则具有简单易行、连贯性强、实践性强等多种优势，教师在应用时，要以行为结果作为目标，规范婴幼儿行为方式，引导行为方向，同时要引导婴幼儿辨别自身行为是否正确。由于婴幼儿自身发展的特点，与成人不同，制定规则对其进行管理时，在保证规则的科学性、有效性的同时，还需注意规则运用的合理性，确保规则的使用不会对婴幼儿造成伤害。

案例 6-1：在自由游戏中，小朋友们都很喜欢荡秋千，但只有一架秋千，很多小朋友都很想玩，大家在秋千前争吵、抢占，谁也不让谁，导致谁也玩不了秋千。

针对以上发生的情况，王老师想到了制定玩秋千的游戏规则，就可以避免以上情况的发生。于是王老师与小朋友协商，制定了游戏规则。采取手心手背的方式排出荡秋千的顺序，每个人荡 2 分钟，以此类推。自从秋千规则制定后，就再也没有出现类似的情况了。

二、情感沟通法

情感沟通法是指通过激发和利用师生间、婴幼儿间、婴幼儿与家长之间以及婴幼儿对环境间的情感，以引发或影响婴幼儿行为的方法。在早教机构班级管理中，教师需要掌握一定的情感沟通技巧，并且学会灵活应用。教师与婴幼儿进行情感沟通一方面能够促使婴幼儿对教师产生安全性依恋，激发婴幼儿积极情绪的表达，形成健康的情感态度。另一方面，有助于教师以饱满的情绪组织实施教学活动，从而保证教学活动的质量，在获得自身满足感之下快乐工作。与幼儿园班级管理有所差别，0~3 岁早教机构进行班级管理需要更多的借助家长的力量，家长陪同婴幼儿时，要创造更多的交往机会，及时给予情感反馈。如眼神、语言、动作等，通过语言或非语言交流，婴幼儿可以在情感互动中感到满足。

案例 6-2：天天是个 29 个月大的女孩，父母常年不在身边，一直都是由爷爷奶奶在老家抚养。一个多月前，天天的爸爸妈妈把她带回了城里，并且把她送到了某早教机构，但是一个多月过去了，老师发现天天很少与人互动，总是一个人坐着发呆，也不主动玩游戏。

针对天天的这种情况，李老师与天天妈妈沟通后，了解到天天出现这种情况是因为突然到一个陌生的环境还不适应，并且远离了最信任和最依赖的人，没有安全感，加上平时天天父母太忙，没有关注到天天情绪及心理上的变化。于是李老师与天天家长达成共识，在家时天天父母尽可能找更多的时间与其交流，并时常带她去小区周围、超市、游乐园熟悉环境，消除天天对城市生活的不适感；在机构中，李老师创造机会与天天交流，并组织集体活动去提高天天的社会交往能力。一个多月过去了，天天已经逐渐适应城市生活了，变得活泼开朗了。

三、榜样激励法

榜样激励法是通过树立榜样并引导婴幼儿学习榜样以规范自身的行为，从而达到管理目的的方法。班级管理中，教师利用健康的具体形象和成功的行为示范，以引导和规范婴幼儿的行为。如文学作品中白雪公主、卖火柴的小姑娘的形象，生活中的警察叔叔、医生、消防员等形象。除了教师作为婴幼儿的榜样之外，家长也可作为婴幼儿的榜样。第一，家长是婴幼儿接触时间最多的人，已经获得其足够的信任与威严；第二，婴幼儿生活的重要场所之一就是家庭，在家庭环境中，婴幼儿潜移默化习得家庭成员的某一些行为或习惯。因此，家长作为婴幼儿成长过程中的重要角色，要以身作则，时刻注意自身言行举止，做孩子的榜样，发挥榜样的力量。

案例 6–3：最近杨老师发现了一个现象，很多小朋友喝水、吃东西前不洗手，只有极少数小朋友会保持喝水吃饭前洗手的好习惯。

针对出现的这个不良现象，杨老师想了个好办法，当小朋友洗手后杨老师会当着其他小朋友的面表扬他，并给他贴一颗小星星，等到星星集满 20 颗时，可以兑换一个小礼物。并且请他为其他小朋友示范如何正确洗手。当小朋友受到表扬和鼓励之后，会有一种荣誉感。一段时间之后，全班小朋友不仅学会了正确洗手，而且养成了勤洗手的好习惯。

四、互动指导法

互动指导法是指在早教机构中教师、同伴、环境等之间相互作用的方法。在活动中，教师以“朋友式”的身份参与到婴幼儿的活动中，并且积极主动地与其发生互动。当活动遇到困难或进行不下去时，教师适时介入指导，保证活动顺利进行。情感的交流在互动指导法中尤为重要，婴幼儿只有对教师足够信任，才会有共鸣和情感依赖，才能让自己全身心地投入活动中，尽情游戏。

案例 6–4：在《爬爬爬》活动中，王老师发现很多小朋友遇到障碍物时不敢向前爬，甚至哇哇大哭起来，导致活动进行不下去。

看到这种情况，王老师立即加入小朋友的活动中，与小朋友一起爬行，当小朋友不敢爬过障碍物时，王老师先用鼓励的方法，帮助害怕的小朋友消除害怕的情绪，然后与小朋友一起探索爬越障碍物的方法，最后在老师的鼓励与帮助下，全班小朋友都爬到了终点。

五、目标指引法

目标指引法是教师以行为结果作为目标，引导婴幼儿行为方向及行为方式的一种管理方法。目标的确定要在婴幼儿的最近发展区之内，且要根据实际的接受水平确立。目标分为个人目标和集体目标两种。个人目标是根据每一位婴幼儿的实际发展水平制定的，集体目标是在班级教学目标的指引下而制定的。在日常班级管理中，教师要兼顾这两种目标，将这两种目标结合起来组织活动。

案例 6–5：刘老师发现很多小朋友在玩完玩具后，不会将玩具放回原位，各种玩具散落一地，和小朋友面对面沟通过，效果不明显，最后大多数玩具还是要老师来整理。

针对以上出现的问题，刘老师组织了有关于《玩具宝宝送回家》的教育活动，在活动中教师指引婴幼儿玩完玩具后要放回原处，即使有些小朋友忘记了，也立即提醒他，让他们形成这种意识。另外刘老师还经常播放与整理物品相关的儿歌，潜移默化地让儿童形成东西应放回原处的意识。过了一段时间，班上绝大部分小朋友玩完玩具都会将其放回原位，教师的目标也达到了。

早教机构班级管理工作复杂而琐碎，教师要掌握班级管理的具体方法，发挥自身的教育智慧对班级进行合理有效的管理。不同的场合需要运用不同的管理方法，要学会灵活交叉运用班级管理方法，且注意班级管理方法的要点，从而更高效地进行班级管理。班级管理方法的要点见下表：

表6-1 运用早教机构班级管理方法需要注意的要点

序号	管理方法	注意事项
1	规则引导法	（1）了解婴幼儿当前的认知发展水平及潜在的规则意识 （2）确保规则的内容适当明确，简单易行 （3）重视规则贯彻的一致性，提供掌握规则的实践机会
2	情感沟通法	（1）了解婴幼儿的情感特点，观察婴幼儿的情感表现 （2）对婴幼儿加强移情训练，帮助婴幼儿正确表达自己的情感 （3）教师形象和蔼可亲，班级氛围相亲相爱
3	榜样激励法	（1）榜样的选择要具体、典型、健康，可以是儿童身边的同伴，也可以是儿童熟悉的故事、人物、动物 （2）榜样的树立要公正、可靠、权威 （3）对幼儿表现榜样行为的反应要及时、积极
4	互动指导法	（1）教师对幼儿指导的适度性 （2）教师对幼儿指导的适时性 （3）教师对幼儿指导的适宜性
5	目标指引法	（1）目标要明确具体 （2）目标要切实可行，具有吸引力 （3）目标与行为的联系要清可见

第四节

早教机构班级管理的途径

在班级管理中，小杨老师从不会听从他人的建议，且总要求所有人都听从他的指挥，经常以一种高高在上的语气命令人。在班级管理工作中，不注重环境创设，忽视环境的教育价值；不会和班上小孩平等相处，要求小孩无条件听他的话，导致班上有些孩子出现较严重的逆反心理。另外，他也从来不会主动和家长沟通孩子在园情况，导致家长不了解自己孩子情况，部分家长已经出现不满情绪，家园合作更没法进行，影响了整体的教学质量。

思考：针对小杨老师班级管理的做法，你怎么看？如果你是小杨老师，你会怎么做？

一、创设温馨、舒适的班级环境

环境作为一种重要的隐形教育手段，对于婴幼儿的发展发挥着潜移默化的作用。在教育过程中，环境是必不可少的一个教育因素，扮演着非常重要的角色，婴幼儿在依赖环境的同时，也会积极主动与环境发生互动。早教机构班级环境指教师根据早教机构教育目标、教学要求和婴幼儿身心发展规律及需要，充分挖掘和利用早教机构班级生活环境中的教育要素，创设婴幼儿与环境积极作用的活动场景，把环境因素转化为教育因素，促进婴幼儿全面健康发展的过程。早教机构是婴幼儿学习、生活与游戏的直接场所，班级环境的创设质量会直接影响婴幼儿的发展水平。早教机构班级环境主要分为物理环境和心理环境，两者管理的好坏会影响着班级管理质量。因此，教师要充分了解物理环境与心理环境的内容及管理方法，对其进行有效的管理。

（一）班级中物理环境创设与管理

1. 物理环境创设与管理的内容

早教机构班级物理环境的创设与管理是早教机构班级大环境创设的重要组成部分，在一定的教育目标指导之下，为婴幼儿提供良好的生活及学习环境，并且为婴幼儿身心健康发展创造良好条件，有利于婴幼儿与环境发生积极互动，从而获得发展。班级物质环境创设主要包括班级室内外空间，班级活动区和班级走廊外的环境布局与管理。一般来说，一个班级的室内空间主要包括活动室、睡眠室、盥洗室等。班级活动区作为婴幼儿一天活动的主要场所，划分为不同功能的区域，包括益智区、手工区、艺术区、科学区、图书区等。走廊外的环境创设可多元化，可以设置植物角，大型绘画墙等。

2. 物理环境创设与管理的原则

早教机构班级物理环境创设与管理的原则是指教师在创设本班环境时应

遵循的基本要求，这些要求是在一定理念指导下提出来的，满足婴幼儿的基本环境需求以及发展需要，能促进婴幼儿的全面发展。在进行物理环境创设与管理时应遵循教育性原则、发展适宜性原则、安全性原则、经济性原则等。

（1）教育性原则

很多早教机构在创设班级物理环境时，没有认识到环境创设的教育价值，且一味追求美观，导致忽视环境的教育功能。教师在创设物理环境时，要在追求美观的同时不容忽视环境的教育性。教师要根据早教机构各个年龄阶段的教育目标，有目的、有计划地对环境创设做出系统规划，将环境的教育功能发挥出来。

（2）发展适宜性原则

不同环境中成长的婴幼儿有不同的个性特点，每一个孩子都有自身的发展需求。教师要充分了解各个年龄阶段婴幼儿的发展规律及特点，创设能激发婴幼儿兴趣且适合婴幼儿发展的物理环境。教师善于观察婴幼儿，为其创设最近发展区，提供适宜的玩具材料，创设适宜的环境。此外，要根据婴幼儿的实际发展水平在环境创设上做出适时调整。

（3）安全性原则

安全问题是早教机构第一大问题，必须放在首位。由于0~3岁婴幼儿身心发育尚未完善，认知水平不高，安全意识薄弱，很多安全事故都是人为因素造成的。因此，教师进行班级环境创设时，应将环境的安全性放在首位，注意并消除环境中的不安全因素，如电线、开关、插座、消毒液等危险物品应放置安全的地方，墙面配置要有软包，玩教具定期进行消毒和维修检查等，为婴幼儿的安全保驾护航。

（4）经济性原则

进行环境创设时，应秉持节约资源，循环利用的理念，要充分挖掘并利用现有的环境资源，如将一部分墙面变为涂鸦墙；环境创设也要遵循经济型原则，在保证卫生清洁的前提下，做到废物利用，一物多用，充分利用废旧物品，挖掘废旧物品的教育价值。例如，教师在创设环境时可以收集各种各样的废旧物品，如旧纸盒包装、点心盒、吸管等，然后将这些废旧物品带到班级中来进行环境创设。也可以利用自然资源，如鹅卵石、树枝、树叶、沙子等进行环创，在充分利用环境资源的同时也节约环境创设成本。

（二）心理环境的创设与管理

1. 心理环境创设与管理的内容

早教机构班级心理环境创设能促进婴幼儿的身心健康发展，对婴幼儿有直接的、潜移默化的、深远的重要影响。良好的心理环境能促进班级内形成良好的人际关系，帮助婴幼儿形成良好个性品质。相对于物理环境来说，心理环境是无形的，主要是指人际关系和心理氛围，如师幼关系、同伴关系等。创设良好的积极的心理环境需要从以下几方面进行：第一，建立民主、平等的师幼关系；第二，建立互助友爱的同伴关系；第三，建立和谐融洽的同事关系；第四，建立平等尊重的家园关系。

2. 心理环境创设与管理的原则

心理环境作为一种无形的教育资源，无时无刻影响着婴幼儿的个性、情感、社会性等方面。创设一个良好的心理环境既要考虑婴幼儿的需求、特点，也要遵循一定的心理环境创设与管理的原则，包括关注原则、尊重原则、自主原则、信任原则等。具体见下表：

表6-2 早教机构心理环境创设与管理的原则

序号	原则的类型	原则的含义
1	关注原则	关注原则指心理环境创设不仅关注结果，也关注过程。在关注全体幼儿的同时，也关注个别幼儿。
2	尊重原则	尊重原则指在环境创设过程中，尊重婴幼儿的生理需要以及情绪情感，使婴幼儿学会尊重
3	自主原则	自主原则指自己做主，自我管理，不受他人支配。在自主原则支配下，应满足婴幼儿自主发展的需要及学习的内部动机；且合理安排活动，在自由探究活动中给予婴幼儿充分的自由和情感的支持。
4	信任原则	信任原则指教师要信任婴幼儿，给予婴幼儿充足学习空间，让婴幼儿对周围世界形成信任感，树立自信心。

二、提高教师的专业素养，转变教师角色观念

教师作为班级管理的关键人物，其自身的专业素养及观念是影响班级质量的关键性因素。因此，在班级管理中，进一步提高教师的专业素养，转变教师角色观念尤为重要。

（一）教师的专业素养

1. 正确的儿童观和教育观

早教机构教师应树立正确的儿童观，即儿童主体观和儿童权利观。儿童主体观指 0~3 岁的婴幼儿虽各方面都处于发展之中，但他们积极主动与环境互动，感受和认识周围世界。他们有自己的需要、兴趣，所以他们会根据自身需求主动探索外部世界，与外部世界形成联系。儿童权利观指每一位婴幼儿都有生存、发展、受教育的权利，与成人一样，享有人格和尊严的权利，并且受到法律的保护。树立正确的儿童观贯彻了以人为本的理念，能够指导教师提供更好教学。教师还应树立正确的教育观，教师的角

色观念、教学方法及态度都与婴幼儿的发展息息相关。教师要抛弃“灌输式”的教育，充分了解婴幼儿的发展特点，尊重婴幼儿的主体性，在师生平等观之指导下，因材施教，给予婴幼儿适宜的教育。

2. 专业知识和专业技能

与幼儿有所差别，0~3 岁婴幼儿具有独特的身心发展规律及特点，他们的社会认知能力、自理能力处于发展之中，比较薄弱。由于这种特殊性，要求早教机构教师在保教的同时，也要满足其特殊需求。教师要充分了解各年龄阶段婴幼儿的身心发展特点及年龄阶段特点，掌握婴幼儿生理和心理发展的知识，对其进行有针对性的教育。在教育内容方面，教育内容很广泛，教师需要具备广博的科学文化知识，植物、文学、地理、数学、生物、艺术等学科都要有所了解。此外，保育工作也和教学工作同等重要，掌握保育知识及保育技能也是教师主要任务，包括吃饭、睡觉、如厕、喝水等日常生活环节，保障婴幼儿的基本生活与学习需求，促进其全面发展。

（二）教师的角色类型

在以往的教育教学中，教师承担的角色往往是知识的传授者、教学的管理者及权威者，但随着当前教师观念的转变，在儿童为本的教育理念之下，教师的角色开始转变为学习活动的观察者、支持者、引导者及合作者。

1. 婴幼儿活动的观察者

活动前，教师要观察活动材料是否充足，活动场地是否存在安全隐患，尽量满足婴幼儿的活动需求。活动过程中，教师需时刻观察婴幼儿的身体状态和心理状态。发现身体不适的孩子，应采取相应的应急措施，如发现脚扭伤婴幼儿，应立马停止活动，安抚情绪，并联系保健医生，并在等待的过程中冰敷。通过观察，教师要敏锐地发现婴幼儿的兴趣、需要等，然后再组织相应教学活动满足其发展的需要。

2. 婴幼儿活动的支持者

每一个婴幼儿都是一个独特的个体，都有主动性、能动性、自主选择性，他们喜欢自由、主动地探索一切新奇的、未知的东西。因此，适宜的环境有利于其成长，教师作为一个支持者，要为其创造一个有准备的支持性的环境。有准备的支持性的环境主要包括物质支持和心理支持两个方面：物理支持主要指提供充足的适宜的活动材料，适宜的墙面布置，随时能如厕、喝水等；心理支持指教师关怀、尊重、接纳婴幼儿，用平等的眼光看待婴幼儿，为其营造一个温馨舒适的班级氛围。教师要给予充足的时间给婴幼儿进行自我探索、自我发展，让其通过自身的探索经验去获得更好的发展。

3. 婴幼儿活动的引导者

活动形式不同，教师的引导方法也不同。在活动过程中，教师要以多种形式有目的、有计划地引导婴幼儿积极、主动地参与教育活动，避免用单一的形式对其进行指导。教师作为引导者主要体现在活动出现困难时，教师应用适宜的方式引导婴幼儿走出困境，继续进行当前活动。如当婴幼儿在争抢玩具时，教师应该适时介入指导，教会婴幼儿玩具的使用规则等。

4. 婴幼儿活动的合作者

合作在活动中非常的重要，但在婴幼儿的活动中，教师也是活动的合作者之一。教师以“合作伙伴”的身份参与到婴幼儿的学习活动中，用朋友式的相处方式与其游戏，淡化“教师在上，学生在下”的传统式师幼关系，将“填鸭式”的活动变成合作探究式的活动，激发婴幼儿的活动兴趣与潜在潜力。

三、密切与家长联系，重视家园合作的教育管理价值

家长是早教机构班级管理的重要人物之一，家长的参与程度会影响班级管理的质量，家园合作是家长进行班级管理的主要方式。家园合作指早教机构和家庭双方积极主动地相互了解、支持、配合，共同促进婴幼儿身心和谐发展的活动。第一，家庭是婴幼儿接受教育的第一个场所，由家长对其子女实施的教育，婴幼儿时期的家庭教育是“人之初”的教育，是启蒙教育，在人的一生中起着奠基的作用。第二，早教机构是一个有目的性、有计划性给婴幼儿提供教育的场所，对婴幼儿的身心发展施以积极的教育影响，促进其身心全面和谐发展。

（一）重视家园合作的教育价值

1. 有利于婴幼儿身心全面发展

家庭与早教机构之间的合作，能够实现家庭教育与早教机构教育力量的有效凝结。这样不仅能够提升早期教育的效果，还能保证婴幼儿在家、在早教机构都能保持同一个状态，不会出现“5+2=0”的教育效果，能为幼儿良好品行打下基础。

2. 有利于家长了解婴幼儿在园的身心状态

老师与家长交流孩子的情况，让家长从更多层面了解孩子，通过家园合作，教师也可以从家长那里获得更多有关幼儿的有效信息，了解家长对教育的理解和期望，教师与家长的双边互动能让双方信息的反馈形成教育合力，最终促进婴幼儿成长。

3. 有利于树立科学的家庭教育观

父母是婴幼儿的启蒙教师，也是终身老师。在婴幼儿成长过程中，家庭教育是重要的部分，在孩子的世界里，家长的行为潜移默化地影响着幼儿。家园合作可以使家长逐步意识到自己也是孩子教育过程中的主体，自己有这份责任与老师合作，共同实现孩子全面的发展。

（二）家园合作的方式

家园合作的教育价值不容小觑，家园合作的实现也依托一定的方式，家园合作方式的正确运用能使家园合作达到更好的教育效果。家园合作的方式可以分为个别方式和集体方式，个别方式有家访、个别交谈、家园联系册及家长联系信箱、电话、短信等；集体方式有家长会、家长开放日、亲子活动、家长讲座等。在进行家园联系时，根据家园沟通的内容，选择家长乐于接受的方式进行，有助于发挥教育管理功能。

四、利用多个环节进行班级管理

班级管理的内容非常之多，涉及各个环节的方方面面，每一个环节的科学、合理的管理，有助于形成良好的班级环境，教师可以从生活活动、教学活动两个方面进行班级管理。

（一）生活活动

一日生活皆教育是早教机构的教学特点之一，在一日生活各个环节中都蕴藏着教育，教师要善于抓住生活中的教育机会，从各个不同的角度对婴幼儿进行教育，完成教学目标，实现班级管理的最终目标。生活活动主要指在一日活动各个环节中，婴幼儿所经历的活动。它是贴近婴幼儿生活，是婴幼儿真实的生活现状。婴幼儿的生活活动反映了其认知发展水平，不同阶段的婴幼儿会有不同的行为表现，也会给班级管理带来一定的挑战。因此，既要发现契机，又要在儿童所能接受的范围之内对其进行教育管理。如排队玩游戏时，发现有个别小朋友喜欢插队、打闹，教师可以借此机会对小朋友进行相关的教育，让婴幼儿知道排队时插队、打闹是不好的行为，强化其秩序意识和行为规范，对其行为形成一定的约束，有利于班级秩序的形成，进而更好地进行班级管理。

托育机构场地设施中对环境创设的要求

（二）教学活动

在班级教学活动中，班级管理的主要任务是形成良好的教学活动常规，从而达到教学目标。教师作为教学活动的组织者和引导者，有自身的职责，要在日常教学活动中加强婴幼儿对自我及周边事物的认知能力，帮助婴幼儿树立正确的学习、生活意识以及秩序规范，为婴幼儿营造一个良好的班级环境。教学活动常规是指教师和婴幼儿在集体教学活动中应该遵守的一般性常规，教学活动常规可以分为两类：一类是对婴幼儿行为的规范；另一类是教师教学活动组织的常规。在教学活动中，通过对婴幼儿行为的规范，如对婴幼儿坐的要求、举手的要求、倾听的要求以及操作行为的要求，去维护教学秩序及班级秩序，帮助维持教学秩序，保证活动的顺利进行，促进教学目标的实现，也便于教师管理班级。

本章回顾

本章以0~3岁早教机构班级管理为核心，针对0~3岁早教机构班级管理的内容进行系统的阐述，具体阐述了早教机构班级管理的原则及方法，且提出了早教机构班级管理的途径。其中重点是了解早教机构班级管理的含义、特征及功能，知道早教机构班级管理的内容；掌握早教机构班级管理的方法及途径，并能在具体情境中加以运用；难点是理解早教机构班级管理的原则及其运用的情境。

思考与训练

1. 在早教机构班级管理中，依据班级管理的原则与方法，你认为怎样才能更高效进行班级管理?

2. 搜集与整理电视、网络上早教机构班级管理的相关案例，并对其进行归类整理。选择其中的两类进行分析，并阐述早教机构班级管理成功的关键。

实操实训

1. 为班级每个孩子制作班级物品管理记录卡，记录幼儿的使用班级、物品使用情况及归还情况，（如玩具、剪刀、卡纸等），必要时写下物品的管理建议。

2. 在托幼机构见习中，选择一个班级，对教师进行班级管理的2~3案例进行分析。

（1）观察并记录当时发生的情况；

（2）记录并分析教师用何种方式进行班级管理的；

（3）了解当前班级管理的情况。

3. 建构婴幼儿辨别榜样的教育课程。

准备教学视频若干，相关绘本《小小榜样》《榜样力量大》。教婴幼儿从视频、绘本中选择出好榜样，并说出原因。

拓展活动：告知家长关于婴幼儿辨认好榜样的相关情况，要求家长要以身作则，为幼儿树立好榜样；推荐给家长关于“榜样的力量”的绘本；请家长带领幼儿寻找生活中的榜样。

推荐阅读

1. 何慧华 .0~3 岁婴幼儿保育与教育 .［M］. 上海：上海交通大学出版社，2013.

2. 学前教育杂志社 .0~3 岁儿童早期教育指南［M］. 北京：北京师范大学出版社，2010.

3.［日］木村久一 . 早期教育与天才［M］. 唐欣，译 . 江苏人民出版社，2005.

4. 卫生部 . 托儿所、幼儿园卫生保健制度［Z］. 卫妇字第 10 号，1985.

第七章 早教机构的经费与物资管理

在早教机构运营过程中，为了保证早教机构的资金安全和物资安全，需要制定 系列的经费管理制度和物资管理要求，早教机构要根据自身的财力背景合理合法地使用经费，严格按照经费管理的相关制度执行，避免盲目浪费，为保证早教机构物资的需要、保教工作的开展需要，对玩教具配备、活动室配备、餐厨用具配备等提出要求，并严格按照相关规定执行，保证早教机构的运营。

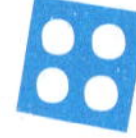

教学目标

1. 了解早教机构经费管理和物资管理的基本知识
2. 理解早教机构经费管理和物资管理的基本要求和实操程序
3. 愿意在具体情境中尝试运用经费和物资管理的基本知识解决实际问题

教学重难点

学习重点：理解早教机构经费管理和物资管理的基本要求和实操程序

学习难点：愿意在具体情境中尝试运用经费和物资管理的基本知识解决实际问题

思维导图

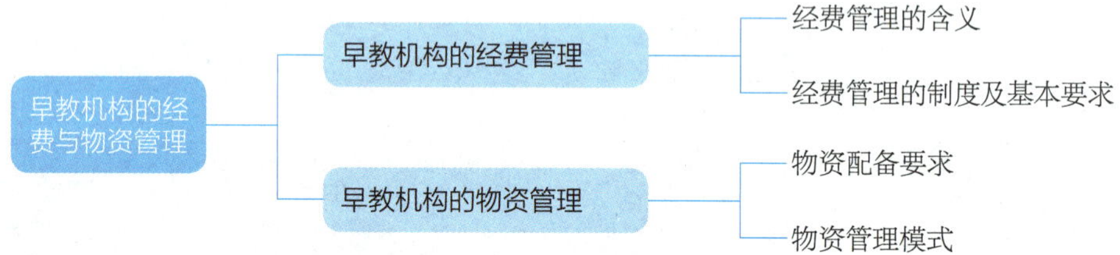

第一节

早教机构的经费管理

目前市场上的早教机构类型繁多、层出不穷，各大类型的早教机构在自身经费管理上都有一套完整的体系。某早教机构在刚开学时，对这一学期经费的收入与支出、资产的清查等做了一个详细全面的规划，但在学期期末进行财务报告时还是出现了收支不平衡、资产遗漏、票证不齐全等问题。原来该早教机构的会计人员在经费管理方面，没有严格地按照经费管理制度里的要求执行。

思考：假如你是一位早教机构的管理者或者其中的财务管理人员，你需要了解哪些经费管理制度，又该如何做好早教机构的经费管理呢？

一、经费管理的含义

早教机构的经费管理是指对早教机构费用的分类、明确费用的来源和支出，为保证早教机构的正常运营而制定的一系列经费管理制度，主要内容包括预算管理、预算编制、预算审批与调整、收入管理、支出管理、资产管理、票证管理、财务分析管理等。

二、经费管理的制度及基本要求

（一）预算制度

1. 预算编制原则

预算编制必须坚持“量入为出、收支平衡”的原则，要考虑到早教机构的正常运营与发展的需要，坚持“收支两条线”的管理原则，坚持统筹兼顾、勤俭节约的原则，在确保早教机构工作人员工资和早教机构正常运营的前提下，合理安排经费的支出。[①]

2. 预算编制方法

收入预算：应考虑早教机构维持正常运转和发展的基本需要，满足早教机构工作人员的生活需要，然后参考以往预算的执行情况，根据预算早教机构学费收入的情况进行预算编制。

支出预算：根据早教机构本身财力情况，预先计划早教机构可能的支出费用，在维持早教机构正常运营的前提下，妥善安排其他各项必需支出。

3. 预算编制的审批

每学期初早教机构财务的领导小组成员商讨通过将本学期的经费预算情况作详细安排。重大事件需要调整预算，通过财务领导小组讨论并上报批准。

① 财政部，教育部. 中小学财务制度［Z］.2012.

4. 预算的执行与调整

预算的执行：预算执行包括收入预算的执行、支出预算的执行和预算平衡三个部分。在预算执行过程中，既要积极组织收入，确保各项收入及时足额入账，又要合理安排支出，实现年度预算收支平衡。早教机构的收入必须全部入账。

预算的调整：为保证早教机构预算的良好执行，维护预算的严肃性，预算在执行过程中原则上不予调整。如果有特殊情况需要调整的，需要说明具体事由并上报主管部门审核，待批准之后再作调整。

（二）决算制度

决算作为年终对资金使用、分配情况的总结，是有效控制财务的措施之一。

1. 决算时间：每年 12 月。

2. 决算项目：由会计分类统计早教机构一年内的收支情况，看早教机构的支出是否按预算去分配、使用。

3. 每月底会计要汇报早教机构当月收支情况，年底要写一份书面报告。

4. 成立资金决算小组，检查督促是否将有限的资金发挥了最大的效益，是否将资金用在刀口上。

5. 决算结果要在财务公开栏中公开，接受早教机构所有的工作人员的监督。

资金预决算是提高资金使用效率和有效分配的重要条件，早教机构领导和财务人员必须遵守制度，管理好早教机构的有限资金。

（三）收入管理

1. 收入包括学费收入和其他收入 (财政补贴收入、固定资产出租、利息、兴趣班收入等。[①]

2. 早教机构必须严格按照国家有关政策规定，依法组织收入，各项收费严格执行国家规定的收费范围和标准，强化收费管理，严格执行收费公示制度和票据管理制度，明令幼儿园不得收取或变相收取与入园挂钩的赞助费或捐资助学等费用，收取的费用存入幼儿园的基本账户，不得存入个人账户。

（四）支出管理

早教机构的支出是指开展教学及其辅助活动发生的支出，内容包括：工作人员的工资、职工福利费、公务费、修缮费、业务费、设备费、其他费用等。早教机构的支出应严格执行国家财务规章制度，没有统一规定的由早教机构结合自身情况规定，并报上级主管部门备案。

---

① 财政部. 事业单位财务规则 [Z] .2012.

（五）资产管理

早教机构的资产包括流动资产和固定资产。

1. 流动资产包括现金、银行存款等货币资金及应收、暂付款、借款、存款等。早教机构要建立健全货币资金管理控制制度。

（1）对货币资金收支保管业务建立严格的授权批准制度，相关机构和人员应相互制约，确保货币资金的安全。

（2）审批人应根据货币资金授权批准制度的规定，在授权范围内进行审批。

（3）早教机构因公个人用款时应按照提交用款申请、支付审批、支付复核、办理支付等程序执行。会计、出纳应按签字齐全、票据规范、支出合理等认真复核后方可办理支付手续。

（4）单位对于重要货币资金支付业务，应当实行集中决策和审批，并报上级主管部门审批。建立责任追究制度，防范贪污、侵占、挪用货币资金的行为。

（5）对于大额的支出应使用转账支票，不得以现金直接支付。

（6）现金收入应当及时存入银行，不得用于直接支付单位自身的支出。

（7）以早教机构为单位借出款项必须执行严格的授权批准程序，严禁擅自挪用，借出货币资金。

（8）早教机构取得的货币资金收入必须及时入账，不得私设“小金库”，不得账外设账，严禁收款不入账。

2. 固定资产是指一般设备单位价值在 500 元以上，专用设备单位价值在 800 元以上使用期限在一年以上，并在使用过程中基本保持原有物质形态的资产，单位价值虽未达到规定标准，但耐用时间在一年以上的大批同类物资。早教机构应定期对固定资产进行清查盘点，年度终了前应当进行一次全面的清查盘点，一般的报废、转让经财务领导小组批准后核销，大型、贵重的设备应经过有关部门鉴定，报主管部门批准后核销。

（六）资产清查

资产清查内容包括流动资产清查、固定资产清查以及其他资产清查。

1. 流动资产清查

库存现金、有价证券清查：现金及有价证券应每月由单位领导或财务人员实施清查工作。

银行存款清查：银行存款应每月与银行对账单进行逐笔核销，对查明原因的未达账的应编制银行存款余额调节表。对不明原因的长款和短款，应及时查明原因。

应收、应付、代管账款、对外投资的清查：对所有往来单位的往来款项，要加强核对清理。凡一年内未能收回与付出的款项应向单位领导汇报。

存货的清查：主要包括库存物品、低值易耗品的清查，领用要有记录，账实要相符。

2. 固定资产清查：对所有固定资产，每年进行一次清查，包括房屋建筑、教学专用设备、教学用品、图书等，要做到以物对账、以账对物，做到账表相符、账账相符、账实相符，发生盈亏、报废等情况时要及时处理并调整账户，保持固定资产账、卡、物相一致。

3. 其他资产清查：对所有不属于上述分类，但符合资产标准的其他资产进行清查，例如早教机构的知识产权、影响力等，对清查结果中发现的资产问题，找出问题原因、提出有关改进措施并实施。

（七）票证管理制度

1. 所有收费票据和内部结算凭证全部由会计保管。

2. 各种票据使用前必须实行登记备案，票据必须加盖公章。

3. 票据开票人开票收费时，相关项目内容必须填写完整，字迹清楚，大小写金额必须一致，收款人应签字或盖章。记账联应定期向会计缴销，票据使用完毕后，存根联给会计，并领取新的票据。

4. 建立财务会计档案资料保管制度，有关业务归档后须编制清册，专人保管。

（八）账务处理程序制度

1. 会计核算应当以实际发生的经济业务为依据，按照规定的会计处理方法进行，保证会计指标的口径一致，会计处理方法的前后一致，按照国家统一的会计制度设置会计科目和会计账簿。

2. 会计人员应当根据审核无误的原始凭证，编制记账凭证，切实保证账账、账实、账表相符。

3. 账簿设置包括总账、明细账、日记账和其他辅助性账簿。必须填好账簿启用表和扉页，往来款项科目不得使用综合账户，需要结转的科目一定要按规定进行明细结转。

4. 记账凭证应当及时传递，记账必须及时，不得积压，登记完毕后，应当妥善保管，不得散乱丢失。

5. 银行存款日记账、现金日记账，必须每天登记并结出当天余额，月末对未达账，应查明原因，编制银行余额调节表。

6. 会计报表必须采用财政部规定的统一格式和填制要求，真实、正确、及时地编制好各类报表。

（九）会计工作交接制度

1. 认真执行“会计基础工作规范”中会计工作交接若干规定。

2. 会计人员工作调动或者因故离职，在调动或离职前，必须将本人所经管的会计工作全部移交给接替人员。移交人员应及时整理应该移交的各项资料，对未了事项写出书面材料。

3. 移交人员在编制移交清册时应列明移交的会计凭证、会计账簿、会计报表、印章、现金、有价证券、支票簿、发票、文件、会计软件及密码、会计软件数据磁盘（磁盘等）及有关资料、其他会计资料和物品、实物等内容。移交双方应在电子计算机上对有关数据进行操作确认。[①]

4. 单位撤销时，会计人员应会同有关人员办理会计事项清理工作，单位合并、分立，会计工作交接也应按正常工作交接手续进行。

5. 会计人员办理交接手续，必须由单位领导负责监交。

（十）会计档案管理制度

1. 会计档案是国家档案的重要组成部门，也是早教机构的重要档案之一，它是记录和反映经济业务的主要的证据，早教机构必须切实地把会计档案管好。

2. 各单位的会计凭证、会计账簿、会计报表和其他会计资料应建立档案，妥善保管。

3. 幼儿园每年形成的会计档案，都应由财务会计部门按照档案管理的要求，负责整理立卷或装订成册，当年会计档案，在会计年度终了后，可暂由单位财务部门保管一年，期满之后，原则上应由财务会计部门编造清册移交本单位的档案部门保管，不得自行封包保存。

4. 会计档案保管期满，需要销毁时，由本单位档案部门提出销毁意见，会同财务会计部门共同鉴定，严格审查，编造会计档案销毁清册，报单位领导及上级主管部门批准后销毁。

5. 按规定销毁会计档案时应由档案部门和财务部门共同派员监销，也可请主管部门参与监销。

6. 监销人在销毁会计档案以前，应当认真进行清点核对，销毁后，在销毁清册上签名盖章，并将情况报告本单位领导。

（十一）食堂财务管理的规定

1. 早教机构的食堂，不能以婴幼儿为盈利对象，教师和婴幼儿伙食要分灶吃饭，分别核算，每月公布教师和婴幼儿伙食团账目，保障婴幼儿的利益。

2. 早教机构行政会计要监管和指导早教机构伙食团财务工作，做到统一的会计科目，健全的会计核算，准确的伙食成本，合理的盈亏率。

3. 早教机构食堂财务管理、收费管理、票据管理、财产管理、档案管理、食堂财务的稽核管理、会计、出纳、仓库管理员的职责必须符合早教机构行

① 财政部，教育部．中小学会计制度[Z].2012.

政各项管理要求。

4. 早教机构的伙食费要单独设账，试行专项核算，食堂的银行账号不能用来进行与食堂无关的一切经费往来。①

5. 早教机构食堂要建立仓库管理制度。食堂负责人要加强对采购、验收、入库、领用的检查，要按日进行食物盘点，会计和仓库保管员要凭单进行记账。

6. 积极主动配合上级对财务和会计工作的检查、审计等，如实完整地提供一切会计资料和信息。

（十二）代管、代收款项的管理办法和实施细则

1. 早教机构的代管、代收款项包括：代办费、伙食费、代收费、教材费、书本费、文体娱乐费、水电费、卧具折旧费、托管费、杂费等。

2. 早教机构应对代办费、伙食费等代管、代收款项进行独立核算，并定期向董事会和园务委员会通报。

3. 代办费：早教机构应严格按教育局、物价局、发改委等有关部门的规定范围和标准收取，并严格控制代办费的支出项目，严禁列支与之无关的费用，代办费应每学期结算并公示一次，须列出支出明细项目，同时向家长公布、清退余款情况。

4. 伙食费：早教机构应按相应标准收取婴幼儿伙食费，并扣除婴幼儿一餐两点、净水、餐后水果、加餐、加点及食堂使用的水电煤气费与厨房员工工资等其他成本支出。

5. 应根据后勤部、保健室和保健医生所制定的带量营养食谱进行每日的食品采购，严格控制采购的量，严格把好质量关。

6. 不得在婴幼儿伙食费中列支其他无关的内容和费用。

7. 教师伙食应与婴幼儿伙食严格分开，单独建账，保证婴幼儿伙食费专款专用，严禁挤占婴幼儿的伙食费用。

8. 食堂应建立物品进库、出库、领取、过秤等环节的登记记录和备查机制，每月须进行一次全面彻底的清点和盘库。

9. 早教机构应建立定期的公示制度。每日向早教机构负责人公布购菜明细支出清单，每月向早教机构负责人公布伙食费使用明细及库存情况。

（十三）财务清算管理办法和实施细则

在进行财务清算时，须在上级主管部门的监督指导下，对早教机构内的财务、债权、债务进行全面清理，并做好各项移交、接收的交接工作，妥善处理各种遗留问题。

---

① 长沙市教育局，长沙市财政局，长沙市发展和改革委员会.《长沙市普惠性民办幼儿园财务管理工作规定》的通知［Z］.2020.

（十四）财务报告制度管理办法和实施细则

1. 各早教机构应根据自身每月经费的基体使用情况，编制月财务报表，报送上级主管部门审核参考。

2. 对于一些财务变动情况及本期或者下期财务状况发生重大影响的事项应附说明，对于存在的问题应提出改进措施和应对策略和办法。

3. 学期末应对本学期收支情况进行财务分析，包括预算收支完成率，人员支出与公用支出及大型设施、设备的添置、维修等项目的支出占事业支出的比例，并参考对照所制定的预算作出对应的比较、总结和结论。

（十五）财务监督办法和实施细则

1. 财务监督是贯彻国家财经法规以及幼儿园财务规章制度的要求，维护财经纪律的保证，各早教机构必须接受国家有关部门和所属机构及上级主管部门的财务监督，并建立严密的内部监督制度。

2. 早教机构的财务监督参考幼儿园的财务监督制度，财务监督包括事前监督，事中监督，事后监督三种形式，各早教机构可根据实际情况对不同的经济活动采取不同的监督方式。

3. 早教机构的财务人员有权按《会计法》及其他有关规定行使财务监督权，对违反国家财经法规的行为，有权提出意见并向上级主管部门反映。

（十六）财务相关人员的职责

1. 记账员职责

（1）贯彻执行会计法和财务工作方针政策，为教育教学服务。

（2）工作认真细致，账目清楚，手续完备，日清月结，按时完善报账手续。

（3）认真履行监督职能，发现问题及时处理和向有关领导反映，坚持勤俭办园的方针，精打细算，协助园长搞好学期和年度预算，合理安排经费，计划开支。

中小学校财务制度（片段）

2. 出纳员职责

（1）认真做好往来账目登记，做好现金收支工作。

（2）严格执行现金管理制度，做到日清月结，手续齐备。

（3）每月及时统计婴幼儿出勤天数及职工出勤天数。及时收结婴幼儿各项费用。

（4）坚持原则，发票必须有经手人、验收人、领导签名方能报销。

3. 保管员职责

（1）对早教机构内的财产进行全面管理，做到随时验收、入库、分类保管，存放地点清楚明确，做到心中有数，每半年清点一次，账物相符。

（2）新购入物品凭发票入账，领用或借出物品手续齐全，领用人和借用人必须签名或盖章。

（3）严格做好三防（防盗、防火、防潮）工作，保证物品的安全、卫生、整洁，杜绝霉烂变质，做到手勤、脚勤。

（4）做好开学前的物品准备工作，对各班财产进行清点，做到有计划供应、学期末对财产进行一次核对，生活用品做到日清月结。

（5）及时供应所需物品，对园里的物品，做到有数有账，发现丢失和损坏及时追查。

第二节

早教机构的物资管理

某早教机构在开办时，确立了一套完整的机构物资管理标准，标准中要求各部门、各班在使用机构物质资源时，要进行登记，后勤主任每个月会对机构内的物质资源进行盘点清算。但只有最初的两个月，后勤主任会认真地进行盘点，之后便是一季一盘点而且总是草草了事。在年终盘点时，园长要求上交盘点清单进行年终清算，但此时后勤主任发现机构内的卫生纸、洗手液等物品数量与各班登记数量有很大出入，园长发现问题后对各班展开了调查，最后发现是几个班的老师在登记领取物品时，拿走的数量要比登记的数量多出一倍，多拿走的物品被老师拿回家使用。

思考：你知道早教机构常用哪些物资管理方法吗？

一、物资配备要求

《托育机构设置标准（试行）》中指出：托育机构的房屋装修、设施设备、装饰材料等，应当符合国家相关安全质量标准和环保标准，并定期进行检查维护。托育机构应当配备符合婴幼儿月龄特点的家具、用具、玩具、图书和游戏材料等，并符合国家相关安全质量标准和环保标准。所以，早教机构在进行物资配备的时候，不能只贪图便宜，更要注意物品的质量是否符合要求，实惠耐用。本部分内容主要选取玩教具、活动室、餐厨用具作详细阐述。

（一）玩教具配备要求

玩教具是早教机构物资配备的重要部分，它的应用地点相对来说应该是更多样的，如公共活动区、班级内等，并且也是婴幼儿在机构内直接接触的物品，其配备是否符合要求直接影响了婴幼儿的身心健康，所以这里将玩教具剥离出来单独说明。

1. 参考国家标准

目前我国并没有出台专门针对提供 3 岁以下托幼服务机构的玩教具配备目录，所以这里建议参考国家标准《玩具安全 第 2 部分：机械与物理性能》（GB 6675.2–2014），在此标准中明确了适合 3 岁以下婴幼儿使用的玩具和不适合 3 岁以下婴幼儿使用的玩具，早教机构在配备幼儿园玩教具的时候，所选的玩教具种类首先应该符合下面的要求：

（1）适合 3 岁以下儿童使用的玩具

预定供 3 岁以下儿童使用的：挤压玩具，出牙器，童床练习玩具，童床健身玩具，童床悬挂玩具，供装在童床、婴儿推车、游戏围栏或童车上的玩具，推拉玩具，敲打玩具，积木块与堆垛玩具，浴盆玩具，玩水池和堆沙玩具，木马，钟琴和音乐球及旋转木马，玩偶盒，填充的、毛绒的及植绒动物其他造型的玩具，学龄前玩具，拼图玩具，乘骑玩具，玩具娃娃和动物玩具，汽车、卡车及其他车辆。

适合于 3 岁以下儿童的玩具的部分特征，根据玩具的类别列在下面：

A. 玩具娃娃：供手持或搂抱的身体柔软的婴儿娃娃或人物娃娃，填充的或“豆袋”类娃娃，形状简单（包括附件）的碎布娃娃或布娃娃和面貌简单、四肢关节处活动范围有限的轻型小巧的塑料娃娃。

B. 婴儿玩具：供在童床或游戏围栏上使用，能很容易地被小手握住、晃动、抓住、摇动发声或抱住的玩具。

C. 玩具车：外形简单结实的汽车、卡车、船及火车，以简单色调装饰，没有微细外形刻画并对车辆的具体牌子或型号没详尽描述说明，并且只要求简单的使用动作（例如滚动、翻倒、推动及放开）。

D. 动作玩具：供识别声音或图画用的简单动作玩具及惊奇动作玩具。

E. 早期学习玩具：供基础学习训练（例如字母、数字或图案）、简单的形体动作训练（例如转动轮子或旋钮），拉开和放开或根据大小分类等玩具（例如书和拼图）。

F. 软体的球或类似物品：供挤压、摇动、滚动或扔掷的柔软的、质量轻的球或类似玩具。

（2）不适合 3 岁及以下儿童使用的玩具

被认为不适合 3 岁以下儿童的，而未加贴年龄标识的玩具具有以下特征：

要求复杂的手指动作或控制调整，将复杂的小块装在一起的玩具；游戏类玩具，例如要求或含有超出 A、B、C 或 1、2、3 范围（即最基本知识）的阅读能力的内容的游戏类玩具；模拟成人体形或特征的玩具及其相关附件；收藏系列（例如，人物造型和车辆）；弹射类玩具，发射的车辆、飞机等；化妆套具玩具；含有长绳或带的玩具。

除此之外，早教机构在进行玩教具配备时，应注意年龄警告图标。

2. 质量考量

除了种类的选择，还需对玩教具的质量进行甄别选择，国家市场监督管理总局在 2020 年 4 月发布修订版的《强制性产品认证目录描述与界定表》中对三类儿童用品进行了规定，所以早教机构在选择玩具时应注意某些种类的产品是否按国家规定进行了 3C 认证。同时考虑到 0~3 岁婴幼儿的年龄特点与卫生要求，选择的玩教具应该可以进行日常的清洗和消毒，并且质量不受清洗消毒影响。

3. 地区规定

虽然没有国家配备标准，但很多地区都出台了本地区的配备标准，以上海市为例，上海市教委在 2006 年颁发了《上海市学前教育机构装备规范（试行）》，此文件将儿童年龄分为 0~2 岁、2~6 岁两段，分别进行了配备要求规定，此处引用 0~2 岁儿童玩教具配备要求。

（1）0~6 个月的婴儿

A. 配备能促进儿童感官发展的视觉玩具和听觉玩具，如：床上玩具、发声玩具、光彩玩具等。

B. 配备促进儿童挥舞手臂、抓物拍打、蹬足踢腿的运动玩具，如：抓握玩具、踢蹬玩具等。

C. 配备儿童与成人交流、反应的娱乐玩具，如：小熊打鼓、镜面玩具、拥抱型玩具等。

D. 配备牙胶玩具。

（2）6~12 个月的婴儿

A. 配备促进儿童翻身、坐、爬、站立、开始迈步行走的大肌肉动作发展的运动玩具，如：可推坐的车辆玩具、球和滚动的玩具、爬行隧道玩具、能扶着行走的玩具、地毯玩具等。

B. 配备能促进儿童对物体感知和最初语言引发的认知玩具，如：可拥抱摆动的形象玩具，可抓握打开、合并的操作玩具，能随音乐摆动的音乐玩具和图书玩具等。

（3）1~2 岁的儿童

A. 配备促进熟练行走、自由蹲站、跑、跳、踢、钻爬、攀登、平衡等动作发展和小肌肉精细动作发展的运动玩具，如：推拉玩具、球类、攀登玩具、钻爬玩具、投掷玩具、平衡木、摇荡玩具、套叠玩具、敲打玩具、穿绳玩具、积木等。

B. 配备能促进发展语言与认知能力的玩具，如：形象玩具、交通玩具、小家具及小用品玩具、图片、图书、画册、蜡笔、橡皮泥等。

C. 配备能促进感知能力发展、促进丰富想象力和初步思考能力发展的认知操作性及发展社会性交往的互动玩具。如：电动玩具、惯性玩具、磁性玩具、音乐玩具、玩水玩具、玩沙玩具、扮家家玩具、其他娱乐性玩具等。

（二）活动室设备配备要求

目前我国并没有关于早教机构物资配备的统一标准，多数地区目前也没有出台专门针对早教机构设备配备标准，只有少数地区（如上海市）在制定本地区学前教育机构装备规范时，对2岁以下、2~6岁的儿童活动室的基本配备做出了规范要求。所以在进行0~3岁早教机构办公家具设备配备过程中，首先考虑自身的规模、资金情况与服务年龄段，在本地区没有出台关于针对早教机构物资配备标准的情况下，一是可以参考其他地区关于0~3岁年龄段机构装备配备规范，二是可以参考本地区关于幼儿园的设施配备标准，以上海市与湖北省为例。

1. 上海市教委对活动室配备要求①

为适应儿童动静态活动的需要，减少不必要的干扰，活动室的地面、天花板和墙面应进行不同的处理；活动室应安装不少于四组的电源插座，有条件的应安装电脑网络接口；活动室应安装遮光窗帘，每班配备吊扇不少于2只；有条件的可配备空调；应根据儿童活动需要配置游戏、活动区角的设施和隔离物；配备丰富的玩教具供儿童开展活动； 配备饮水设备，每班一只保暖桶，一只茶水柜，每生一只杯子；饮水桶应具备锁定装置。

（1）2岁以下儿童的活动室基本配置要求

A. 活动室应加装栅栏门，其高度应高于婴幼儿的身高，栏间距应小于婴幼儿的头围。

B. 婴幼儿所能接触到的墙面应使用软质材料，高度以婴幼儿身高为准。同时，可以在墙面上安装与婴幼儿身高相符的宝宝镜。

C. 活动室配备供婴幼儿活动的地毯3~4块。

D. 活动室内应配备一定量的小床及床垫、床单、被等用品。

E. 活动室内应配备换尿布工作台和一定量的便盆。

F. 遮光窗帘不得使用红色。

G. 活动室内配备供体能活动的设备。

H. 活动室内配备各种发展心智和创作性活动的地面和桌面玩具。

I. 每班配备61键电子琴1件。配备录音机、书写板、钟等各1件。

J. 按每生一席的数量配备有靠背的椅子及相应数量的儿童桌。按每桌6人配备喂哺台。

K. 在班级标准学额数的前提下，按每班6~8只配备开放式储物柜或玩具柜。配备移动式框6~8只。

---

① 上海市教委.上海市学前教育机构装备规范(试行)［Z］.2006.

（2）2~6 岁儿童的活动室基本设备配置要求

A. 按每生一席的数量配备儿童用椅，按每桌 4~6 人配备儿童用桌。儿童桌椅的尺寸、重量等规格应与儿童身高等肌体的发展相适应。

B. 在班级标准学额数的前提下，按每班 6~8 只的数量配备与儿童身高相适宜的开放式可移动玩具柜。

C. 每班配备钢琴或 61 键电子琴 1 件。

D. 每班配备书写板、钟、电视机、录音机、带耳机的收听设备等各 1 件。

E. 有条件的可配备电脑、实物投影仪（视频展台）、数码照相机等教育或教师观察记录设备。

2. 湖北省幼儿园保教设备配备标准

湖北省教育厅在 2014 年下发了《湖北省幼儿园保教设备配备标准（试行）》，其中对幼儿园的活动室配备做了具体要求（表 7–1）。

表7–1 幼儿园活动室配备标准

<table>
<tr><th rowspan="2">序号</th><th rowspan="2">名称</th><th rowspan="2" colspan="2">参考规格</th><th rowspan="2">单位</th><th colspan="4">配备数量</th><th rowspan="2">备注</th></tr>
<tr><th>Ⅰ类</th><th>Ⅱ类</th><th>Ⅲ类</th><th>Ⅳ类</th></tr>
<tr><td>1</td><td>椅子</td><td colspan="2"></td><td></td><td>幼儿数</td><td>幼儿数</td><td>幼儿数×110%</td><td>幼儿数×120%</td><td rowspan="7">桌子为4人桌或6人桌，椅子为单人用，具体数量视班级人数定；桌椅品种、尺寸参照《学生课桌椅功能尺寸》（GB/T3976）要求，桌椅高度根据幼儿身高组成状况预置。</td></tr>
<tr><td rowspan="6">2</td><td rowspan="6">桌子</td><td rowspan="2">小班</td><td>方桌或圆桌</td><td>张</td><td>4</td><td>4</td><td>4</td><td>4</td></tr>
<tr><td>长桌</td><td>张</td><td>6</td><td>6</td><td>6</td><td>6</td></tr>
<tr><td rowspan="2">中班</td><td>方桌或圆桌</td><td>张</td><td>4</td><td>4</td><td>4</td><td>5</td></tr>
<tr><td>长桌</td><td>张</td><td>6</td><td>6</td><td>6</td><td>6</td></tr>
<tr><td rowspan="2">大班</td><td>方桌或圆桌</td><td>张</td><td>4</td><td>4</td><td>4</td><td>6</td></tr>
<tr><td>长桌</td><td>张</td><td>6</td><td>6</td><td>6</td><td>6</td></tr>
<tr><td>3</td><td>玩具柜</td><td colspan="2">开放式、移动加固定</td><td>组</td><td>6</td><td>6~8</td><td>8~10</td><td>10~12</td><td>分放在活动区</td></tr>
<tr><td>4</td><td>储物柜</td><td colspan="2"></td><td>个</td><td>1</td><td>1</td><td>1</td><td>1</td><td>教师专用</td></tr>
<tr><td>5</td><td>空气消毒机</td><td colspan="2"></td><td>台</td><td>1</td><td>1</td><td>1</td><td>1</td><td></td></tr>
<tr><td>6</td><td>电扇</td><td colspan="2">吊扇</td><td>台</td><td>2</td><td>2</td><td>2</td><td>2</td><td>距离地面1.7米以上，亦可用4台壁扇代替</td></tr>
<tr><td>7</td><td>空调</td><td colspan="2"></td><td>台</td><td>（有）</td><td>有</td><td>有</td><td>有</td><td>数量、功率大小据活动室面积而定</td></tr>
<tr><td>8</td><td>键盘琴</td><td colspan="2">电子琴（61键）或钢琴（88键）</td><td>架</td><td>1</td><td>1</td><td>1</td><td>1</td><td></td></tr>
</table>

续表

序号	名称	参考规格	单位	配备数量				备注
				Ⅰ类	Ⅱ类	Ⅲ类	Ⅳ类	
9	录音机		台	1	1	1	1	可播放CD、有“USB”端口及扩展插槽、支持录音、扩音。
10	多媒体系统		套	（1）	1	1	1	见《信息技术装备标准》
11	数码相机	≥1400万像素	台	全园1	全园1	年级组1	各班1	
12	黑板	移动或固定的磁板、白板	个	1	1	1	1	高度利于幼儿操作
13	窗帘		副	若干	若干	若干	若干	

（三）餐厨用具配备要求

餐厨用具的配备关系到机构的食品安全，目前我国对此无统一标准，机构可参考地方幼儿园配备标准和自身情况，使配备的设备能够符合国家的安全卫生标准，并能满足教职工与婴幼儿的生活需要，以湖北省为例（表7–2）。

表7–2　幼儿园厨房装备标准

序号	项目			单位	配备数量											
					6个班规模				9个班规模				12个班规模			
					Ⅰ类	Ⅱ类	Ⅲ类	Ⅳ类	Ⅰ类	Ⅱ类	Ⅲ类	Ⅳ类	Ⅰ类	Ⅱ类	Ⅲ类	Ⅳ类
1	主副食加工间	荤菜加工	水池	个	1	1	1	1	1	1	1	2	1	1	1	2
2			操作台	个	1	1	1	1	1	1	1	1	1	1	1	1
3			绞肉机	个	(1)	(1)	1	1	(1)	(1)	1	1	(1)	(1)	1	1
4		蔬菜加工	水池	个	2	3	3	3	2	3	3	3	2	3	3	3
5			操作台	个	1	1	1	1	2	2	2	2	2	2	2	2
6			货架	个	1	1	1	1	1	1	1	1	1	1	1	1
7			刀具	个	4	4	4	4	6	6	6	6	8	8	8	8
8			砧板	个	4	4	4	4	6	6	6	6	8	8	8	8
9			冰箱	个	1	1	1	1	1	1	1	1	1	1	1	1
10			灭蝇灯	个	1	1	1	1	1	1	1	1	1	1	1	1
11			热水器	个	(1)	(1)	1	1	(1)	(1)	1	1	(1)	(1)	1	1
12			豆浆机	台	(1)	(1)	1	1	(1)	(1)	1	1	(1)	(1)	1	1
13			淘米箩	个	2	2	2	2	4	4	4	4	4	6	6	6

续表

序号	项目		单位	配备数量											
				6个班规模				9个班规模				12个班规模			
				Ⅰ类	Ⅱ类	Ⅲ类	Ⅳ类	Ⅰ类	Ⅱ类	Ⅲ类	Ⅳ类	Ⅰ类	Ⅱ类	Ⅲ类	Ⅳ类
14	烹调间	灶台	组	2	2	2	2	3	3	3	3	4	4	4	4
15		烹调锅	口	2	2	2	2	3	3	3	3	4	4	4	4
16		调理台	个	1	1	1	1	1	1	1	1	1	1	1	1
17		蒸饭车	台	1	1	1	1	1	1	1	1	1	1	1	1
18		排油烟机	台	1	1	1	1	1	1	1	1	1	1	1	1
19		水池	个	1	1	1	1	1	1	1	1	1	1	1	1
20		灭蝇灯	个	1	1	1	1	1	1	1	1	1	1	1	1
21		不锈钢餐盆	只	2	2	2	2	3	3	3	3	4	4	4	4
22		烹饪用具	组	1	1	1	1	2	2	2	2	3	3	3	3
23	面点加工间	水池	个	1	1	1	1	1	1	1	1	1	1	1	1
24		操作台	个	1	1	1	1	1	1	1	1	1	1	1	1
25		和面机	台	(1)	(1)	1	1	(1)	(1)	1	1	(1)	(1)	1	1
26		烤箱	台	(1)	(1)	1	1	(1)	(1)	1	1	(1)	(1)	1	1
27		打蛋机	台	(1)	(1)	1	1	(1)	(1)	1	1	(1)	(1)	1	1
28		空调	台	(1)	(1)	1	1	(1)	(1)	1	1	(1)	(1)	1	1
29	消毒间	水池	个	(1)	(1)	1	2	(1)	(1)	1	3	(1)	(1)	1	2
30		消毒柜	个	1	1	1	1	2	2	2	2	3	3	3	3
31		碗筷匙盘	个	n	n	n	n	n	n	n	n	n	n	n	n
32	备餐间	备餐台	个	1	1	1	1	1	1	1	1	1	1	1	1
33		空调	台	(1)	(1)	1	1	(1)	(1)	1	1	(1)	(1)	1	1
34		留样小冰箱	台	1	1	1	1	1	1	1	1	1	1	1	1
35		消毒灯	个	1	1	1	1	1	1	1	1	1	1	1	1
36		餐车	个	6	6	6	6	9	9	9	9	12	12	12	12
37	开水间	开水器	个	1	1	1	1	1	1	1	2	2	2	2	2
38	仓库	货架	个	2	2	2	2	3	3	3	3	4	4	4	4
39		冰柜	个	1	1	1	1	2	2	2	2	3	3	3	3
40	二次更衣间	水池	个	1	1	1	1	1	1	1	1	1	1	1	1
41		消毒灯	个	1	1	1	1	1	1	1	1	1	1	1	1
42		衣架	组	1	1	1	1	1	1	1	1	1	1	1	1
43	更衣室	衣橱	个	1	1	1	1	1	1	1	2	1	1	1	3
44		办公桌	张	1	1	1	1	1	1	1	2	1	1	1	3

注：12个班以上规模幼儿园的厨房装备配备，应结合办园规模和进餐方式适当增加。

此外，针对提供婴儿服务的机构，上海市教委在《上海市学前教育机构装备规范（试行）》中规定：“服务对象中有婴儿的，应设哺乳室，哺乳室内配置奶瓶、奶瓶消毒器、烧水器、调奶器、工作台、冰箱以及能上锁的储物柜等。”

二、物资管理模式

物资管理主要涉及机构内的资产管理，资产管理可以粗略地分为机构固定资产管理与班级资产管理，由于规模、性质的不同，每一所0~3岁婴幼儿早教机构都有自己的物资管理制度，下面主要介绍两种常见的管理模式与一种借鉴频率高的管理方法：专人专岗制、二维码管理和3个“S”管理方法，这三种管理虽然分开阐述，但在实际的应用中，往往不是独立使用，而是取其优势的整合使用。

（一）专人专岗制

专人专岗指的是一些机构会专门设置资产保管员岗位，用于保障机构资产安全，防止机构资产流失。资产保管员日常主要工作为对资产进行登记、保管，负责一般性的出入库。在日常机构工作中，教职工对机构物品的借用或领取都需要找保管员进行登记，保管员在如实记录后，周期性地对库进行盘点，以防止机构内物品的损坏或丢失造成机构财产损失。除此之外，班级内的设备物品管理责任也会对应到个人（一般为班级的负责人，也有按区域划分对应班级多位教师），一般在教室内都有对应负责人的公示。这类管理模式的优势是有直接责任人，对于机构物品的状况有直接的把控，常见于中小型机构采用此类模式。

（二）二维码管理

二维码管理是近几年新兴的一种管理模式，随着科技的进步，许多机构的管理走向了数字化、智能化，常见的二维码管理都建立在机构内的网络管理系统中，一些资金实力雄厚的机构会开发本机构专属的网络管理系统，大部分机构采取购买服务的方式使用网络管理系统，往往只需使用手机就可实现二维码管理。二维码管理的操作方式简单，第一步进行固定资产和班级资产的登记，登记信息包括物品的位置、负责人等，第二步在进行登记的物品上贴上对应信息二维码。想要查找物品位置、负责人时在相应程序里搜索，即可找到所需信息；同时还可进行溯源，如走廊里放置了一台坏了的打印机，想要找到这台打印机属于哪间办公室时，即可用手机程序扫一扫，便可查找到相关信息以及负责人。这类管理模式的特点在于信息化，优势在于可以溯源并且更加便捷，机构内的资产情况更新方便。

（三）3 个“S”管理方法

许多企业会借鉴 6S 管理模式[①] 中针对物品管理的 3 个“S”，即整理、整顿、清扫，并往往是在 3 个“S”的基础上进行的企业管理模式创新。

1. 整理

整理是其他工作进行的基础，主要是将不要的物品清理掉，把常用的物品整理到一处，不用的物品归库，为后续工作空出地方。

2. 整顿

整顿在整理之后，主要强调对物品摆放位置的定位、规划，并对规划定位好的物品进行标识，如将摆放笔筒的位置上粘贴一个圆形贴纸，代表笔筒中心位置，在下次使用笔筒后，摆放位置应处于圆形贴纸正上方。这个过程使物品摆放有秩序且一目了然。

3. 清扫

清扫是在前两个步骤完成后，进行彻底的清扫，这个过程有利于机构内物品设备的维护。

这种管理方法的特点是突出了物品的秩序与摆放，它的优势在于运用这种方法的机构物资管理更容易建立秩序规则，在确立规则后更容易维持，并且不管是使用还是寻找物品，都一目了然，常见连锁机构、集团化机构借鉴这种管理方法或者和其他管理模式进行融合。

上海市学前教育机构装备规范

本章回顾

本章主要对 0~3 岁婴幼儿早教机构的经费管理与物资管理的含义、内容进行了详细梳理，并介绍了几种适用于机构内的制度模式。其中重点是了解早教机构的经费与物资管理的基本要求；能够参考物资配备要求对不同年龄段儿童的玩具进行甄别与选择；在对某一种经费或物资管理制度进行详细了解后，完成实操训练。

思考与训练

1. 运用文中所提到的经费或物资管理制度与模式，进行构想：如果自己开了一家早教机构，结合自身规模、性质，应建立一个怎样的经费与物资管理模式？

2. 结合所学，对机构内玩教具投放情况进行评价，评价内容包括：玩教具种类、玩教具投放年龄段、玩教具功能、玩教具的清洁管理。

---

① 刘立民.6S 管理在生产企业中的应用研究［D］.北京：首都经济贸易大学，2008.

实操实训

1. 参考文中给出的玩具标准，对机构内婴幼儿使用的玩具从年龄和种类性质两方面进行分类。

2. 通过网络、书籍等方式，查找其他经费或物资管理模式，结合实例整理出模式的特点、优势、所用范围，再选取文中提到的某一种模式进行比较。

搜索引擎

1. 上海市教育委员会于 2006 年发布的《上海市学前教育机构装备规范（试行）》。

2. 浙江省教育厅办公室于 2020 年 4 月发布的《浙江省中小学教育技术装备标准》《浙江省幼儿园教育装备规范》。

3. 湖北省教育厅于 2014 年发布的《湖北省幼儿园保教设备配备标准（试行）》。

推荐阅读

尤艳利，刘磊 . 幼儿园园长如何优化内部管理［M］. 天津：天津教育出版社，2019.

第八章

连锁早教机构的运营管理

2016 年，我国全面二孩政策放开后，0~3 岁婴幼儿的数量大幅增加，与此同时早教机构也必须相应扩大市场占存率、达到规模效应、满足市场需求，而连锁是最快捷的方式之一。[①] 在本章中我们首先要了解连锁早教机构的基本概况，然后学习如何对连锁早教机构进行管理，包括管理的具体内容、管理的基本要求以及如何对连锁早教机构进行质量管理。

① 朱泽宇. 基于CIS策略的长沙市幼儿园户外景观设计——以"金巧思"连锁幼儿园为例[D]. 长沙：湖南农业大学，2016：1-2.

教学目标

1. 了解连锁早教机构的基本情况
2. 理解连锁早教机构管理的基本要求和质量评估标准
3. 愿意在实践中尝试并运用早教机构的管理要求和质量管理标准

教学重难点

学习重点：理解连锁早教机构管理的基本要求和质量评估标准；
学习难点：愿意在实践中尝试并运用早教机构的管理要求和质量管理标准。

思维导图

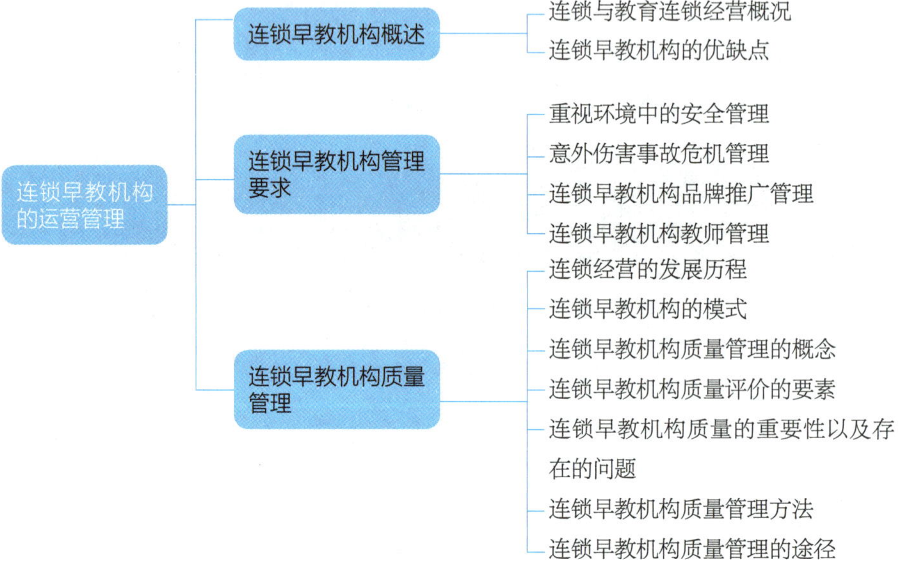

第一节

连锁早教机构概述

在 2018 年，小张和小王持有同样的资金分别准备开办一家早教机构。不同的是小张选择了自创一家早教机构，小王选择加入某连锁机构。2020 年受疫情的影响，教育培训行业不景气。小张的早教机构招生困难、资金短缺；而小王的早教机构却能维持正常运转。

思考：面对疫情的冲击，小张和小王的早教机构所面临的形式差异背后有哪些原因？相对于自创品牌而言，试分析连锁早教机构有哪些优势和劣势？

一、连锁与教育连锁经营概况

（一）连锁与连锁经营的概念

1. 连锁的概念

连锁是在专业化分工的基础上实现流通的系统化和规模化，即把现代化大生产原理应用于商业流通和经营服务领域，以达到统一品牌下规范统一、方便协调的效果和实现扩大规模、提高效益的现代组织经营模式。①

2. 连锁经营的概念

连锁经营，是指坚持以消费者为中心，通过统一商品、统一价格、统一服务， 广泛布点，及时地、最大限度地满足顾客所需的经营方式。②

（二）教育连锁经营的概念及模式

1. 教育连锁的概念

所谓教育连锁，即在同一个教育品牌如总部领导下，由若干个学校或教育分支机构加盟，构成相对统一的联合体，在不同的地点和区域内提供同一品牌的教育教学服务。③

教育连锁经营即指通过整合有限的教育资源和资金，在短时内可以迅速扩大市场占有率，提升品牌知名度的一种经营模式。无论采取哪种模式，教育连锁经营都必须需具备“十个统一”的特征：统一领导、统一品牌、统一装修、统一管理体系、统一教师培训体系、统一教材、统一课程设计、统一价格、统一授课方式、统一课后服务。其主要是以三个统一和 3S 原则为经营策略，坚持以学员为中心，通过统一品牌、统一课程产品、统一授课体系，以有限的教育资源和资金、最大限度地满足学员对知识的渴望。其中的三 S

① 吴玲，丁婧.幼儿园连锁经营的优势及其发挥[J].家庭与家教(现代幼教)，2009（C1）：13-14.

② 段云波.蒙特梭利双语幼儿园的运营与管理[M].北京：中国海洋大学出版社， 2004.

③ 司晓宏，王继红.教育连锁现象的观察与思考[J].学术界，2006（1）：63-68.

原则是指：[①]

（1）Simplification——简单化，是指通过流程再造将教育培训过程尽可能地提高工作效率，使每个加盟点都像流水线上生出来的产品一样个个合格、个个达标。[②]

（2）Specialization——专业化，是指把教育培训中涉及的每项工作都尽可能地按专业细分，在课程设计、授课方式等方面可以突出差异化。这种专业化既体现在总部与各加盟分校在教材、教具方面统一配送的专业分工，也体现在服务学员时每个工作环节、岗位及人员的专业分工，使得品牌管理、教师培训、课程设计、教材研发、教材采购、课程销售、教学回访、公共关系、广告宣传等每个领域都由专业化的人来负责。[③]

（3）Standardization——标准化，是指总部为各加盟分校提供了运作十分成熟的管理体系，包括学校运营手册、学员接待话术手册、课程营销手册、教师管理制度及考核体系等，帮助分校完成开业所需的营业执照、组织机构代码、税务登记证及办学许可证的注册和登记，并对所有工作人员进行上岗前的系统化培训，告诉其教育行业的相关政策。政策是教育连锁经营的基础，如果考虑不周全，就会导致加盟分校不能顺利开业；标准化是教育连锁经营的核心，只有严格按照标准化的流程操作，才能最大限度地提高工作效率，保证加盟分校的经营效果。[④]

2. 教育连锁经营模式

（1）特许经营

特许经营是特许经营权的拥有者（总部）以签订合同的方式，允许被特许经营者有偿使用该企业品牌、商标、专利技术、产品等，通过契约的方式来约束加盟双方的权利和义务，也将它称之为方案加盟。简单地理解，在教育连锁经营中的特许经营，加盟方必须付出一笔加盟金，该笔加盟金所能行使的权力，就是开通总部的商标、品牌、教材、课程等“软件设施”的使用权，加盟方出钱，总部只需要将这些无形资产传授给加盟方。[⑤]

（2）自愿加盟

加盟方采取自愿的方式，加盟双方可以自愿联盟或自愿退出两者形成的连锁体系。这种加盟方式适用于已经具备场地、办学资质、师资条件的教育机构，也可以是一所加盟机构的从无到有的过程。在尚未有场地、办学资质的情况下，加盟方需要借助总部的力量，从申请加盟、选址、取得办学许可

---

① 文丽.论教育连锁经营模式[D].长沙：湖南大学，2012：9.

② 文丽.论教育连锁经营模式[D].长沙：湖南大学，2012：9-10.

③ 文丽.论教育连锁经营模式[D].长沙：湖南大学，2012：10.

④ 文丽.论教育连锁经营模式[D].长沙：湖南大学，2012：10.

⑤ 涂冠妃.连锁幼儿教育机构经营管理现状及对策[D].上海：华东师范大学，2014：17

到开业等一系列行为，总部必须对加盟方起指导作用，在某种程度上加盟方也需要支付小额加盟金（总部对加盟方的服务费用）。[①]

（3）直营模式

直营模式指总公司直接经营、投资、管理。总公司无需与园所签订协议，机构内财产归总公司所有，属于总公司资产的一部分。在这种连锁模式中，总公司付出全部人力、物力、资金，从办学资格的申请、初期人员招聘、培训都由总公司完成，总公司对直营机构能够全权掌握，并且经营收入归总公司所有，机构内所有花费开支通过直营机构的法人代表向总公司申报，财务情况总公司也必须随时掌握。直营方式需要总公司有雄厚的经济能力才能实现，在通过这种模式壮大企业规模和实力之前，总公司经营者或直营机构经理必须对总公司的财务状况有全面了解。[②]

连锁早教机构是拥有办园成功经验的早育集团进行市场化经营、品牌扩展的产物，以统一的早教品牌教育理念为指导核心，将早教机构各分园统一的品牌文化为纽带组合成一个联合体，具有相对稳定的早教机构结构形态和特定的内部组织结构关系口，为规范化管理，连锁早教机构通常具有统一的品牌文化及品牌章程。[③]目前国内比较知名的连锁早教机构有金宝贝、英贝早教、赢在起点、蒙台梭利早教等。

二、连锁早教机构的优缺点

1. 连锁早教机构的优点

（1）经营费用低

连锁早教机构经营总部统一提供机构内部的设施设备、玩教具，统一组织教师进行学习进修。这种规模化的经营能有效降低早教机构的教材采购成本、课程销售成本、学校管理成本。同时提高了学校的品牌形象和信誉，降低了竞争风险，因此也取得了较高的成功率。[④]

（2）可持续发展能力强

早教机构连锁经营，能把众多单个资本迅速集中起来，形成整体力量。在同样的竞争条件下，可以及时抓住市场机会，为机构带来良好的收益。同时连锁加盟总部通过输出自己成功的行业经营经验和管理模式，可以帮助加盟者改进管理，推动机构的可持续发展。[⑤]

①涂冠妃.连锁幼儿教育机构经营管理现状及对策[D].上海：华东师范大学，2014：16-17.

②涂冠妃.连锁幼儿教育机构经营管理现状及对策[D].上海：华东师范大学，2014：18.

③但菲，侯雨彤.对现实诉求的主动应答：公办优质幼儿园连锁办园模式探析[J].教育导刊(下半月)，2013（2）：60-63.

④文丽.论教育连锁经营模式[D].长沙：湖南大学，2012：16.

⑤文丽.论教育连锁经营模式[D].长沙：湖南大学，2012：17.

（3）市场竞争能力强

早教连锁机构往往具有品牌效应，市场占有率高，在品牌的作用下，加盟的早教机构往往在招生方面相对比较容易，能有效地占领早教市场。一个品牌，若没有连锁加盟，只能是独享品牌，若实现了连锁加盟，则就是共享品牌。连锁早教机构的总部可以通过发展加盟校迅速达到扩大品牌知名度的目的，而各个分校就获得了品牌的优势，开展教育培训活动时，可以获得更大的经济利益。①

（4）风险相对较低

连锁早教机构总部会统一调动财力、物力和人力，统一经营战略，各加盟分机构用较少的资本就能开展事业活动，能够进行适应市场变化的事业经营并能够专心致力于教育活动，有利于降低机构的风险。加盟分校可以用最小的成本享受总部提供的各种综合服务，如统一的课程体系、统一的教材、统一的授课老师，而连锁总部则通过规模效应使服务做得更加专业化。机构连锁首先帮助年轻的创业者解决了资金瓶颈问题，降低了初期人力和市场营销的成本，让其有更多更快的机会扩展其业务，实现教育事业的理想。②

2. 连锁早教机构的缺点

（1）对连锁加盟机构选择的风险

加盟学校经营的好坏直接关系到整个连锁体系的成败。目前市场上的连锁早教品牌又杂、又乱、又多，政府的监督管理体系也比较落后，没有公信力强的第三方机构对这些连锁早教品牌进行评价和筛选，这样加盟个体在选择连锁品牌的时候就比较自由，今后应该将这方面作为研究重点。综合目前的连锁早教机构办学的案例来看，问题出得最多的还是在于连锁机构的本身，例如成本管理混乱、操作不规范，教学质量差等原因。因此加盟机构的正确选择是目前教育连锁行业最大的担心和忧虑。③

（2）机构总部压力大

某些加盟个体为了自己的短期利益，经常有意不按照特许体系的管理标准进行操作，对于合同约定的相关费用尽可能地想方设法减少支付，例如：加盟金、支持服务费和特殊产品费等。对于连锁早教体系而言，危害最大的情况是：加盟个体在自身实力得到完善的时候，为了短期利益，会脱离连锁早教体系独自去经营，这种情况对于整个连锁早教体系的稳定性造成极大的危害。④

① 文丽.论教育连锁经营模式[D].长沙：湖南大学，2012：17.
② 文丽.论教育连锁经营模式[D].长沙：湖南大学，2012：17.
③ 柯卫，刘铁.我国民办高等教育的规范化管理研究[M].北京：法律出版社.2010.
④ 文丽.论教育连锁经营模式[D].长沙：湖南大学，2012：19.

（3）加盟机构的积极性低

加盟机构的管理人员不是所有者，机构的利益跟自己关系没那么紧密，分支机构的自主性很小，分支机构经营的积极性、主动性和创造性会受到一定的限制。

第二节

连锁早教机构管理要求

某连锁早教机构发生了一起教师虐童事件，被家长发现后教师还极力狡辩且没做出任何道歉行为，家长对此极度不满，双方沟通无果后，家长把教师虐童视频发布到网上，引起社会各界的关注与讨论，对该早教机构造成严重影响，连锁早教机构的信誉遭到质疑，品牌价值直线下降，经济损失惨重。

思考：如果你是该早教机构负责人，面对这种情况，你会如何处理这件事？为了避免此类事件再次发生，你将采取怎样的策略？

一、重视环境中的安全管理

安全工作在教育过程中是非常重要的，能保证早教机构一切工作的顺利进行，也是婴幼儿身心健康发展的重要保障。因此，安全问题放在第一位，重视安全问题是连锁早教机构管理的重中之重，必须给予重视。

（一）环境中的安全管理

婴幼儿的认知、社会性以及自我意识都处于发展之中，尚未成熟，其生活与学习都依赖于他人的帮助，提供安全的环境是婴幼儿健康成长的保障之一。环境中的任何不安全的因素都有可能威胁到婴幼儿的安全，要尽可能消除环境中的不安全因素，为婴幼儿的成长保驾护航。

连锁经营的理论基础

1. 室内环境的安全管理

教室是婴幼儿生活与学习的必要场所之一，提供一个安全的适宜的室内环境，可以为婴幼儿营造一个良好的生活与学习氛围，促进其身心健康成长。

（1）环境管理

在婴幼儿可能接触的室内环境之中，任何尖锐的物品都可能伤害婴幼儿，如尖锐的桌角、锋利的小刀等，一些婴幼儿可能会出于好奇把手伸进门缝或插座孔中，过于光滑的地面也可能会导致婴幼儿滑倒或摔伤，这些潜在的危险都应当引起重视。

（2）物品管理

一些教师或者保育老师因缺乏安全意识，对于存在的安全隐患不够重视，或疏忽大意将危险物品随意摆放，也常常造成危险事故的发生。如婴幼儿并不知道哪些是危险物品以及有什么危险，容易误拿或误食，把消毒液当作普通的水，把药片当作糖果吃掉等，而这些恰恰也是教师容易忽视的地方。

（3）行为监控管理

由于缺乏对婴幼儿行为的有效监控，导致的安全事故也很多。一些教师只关心婴幼儿在不在，而不关心他们在哪里，在做什么，甚至当意外发生时，还意识不到问题究竟出在什么地方。近些年婴幼儿从楼上摔下、被开水烫伤导致重伤或死亡的事故也频频发生，一部分原因也是由于行为监管不力。教师要在思想上与行动上都要重视行为监控，尽量避免行为监控疏漏，做好行为监控管理工作，做婴幼儿保驾人。

托育机构安全管理的规定

2. 室外环境的安全管理

对室外环境的安全管理与室内环境同等重要。婴幼儿在户外活动时，婴幼儿可以拥有更多的自主和自由发挥的空间，但相比于室内环境，室外环境潜在安全隐患更多，婴幼儿活动的风险以及教师组织管理的难度更大。

（1）活动场地的选择

活动场地是婴幼儿进行活动的场所，活动场地的选择关系着活动的顺利进行。选择活动场地时，应考虑活动的形式、参与活动的人数、婴幼儿的年龄特点等方面。室外活动场地的选择还要考虑安全性问题，如场地是否平坦、是否远离厨房、水池、楼梯口等潜在危险区域。

（2）活动材料的使用

活动材料是活动得以顺利进行的支撑，在活动中必不可少。每一种活动材料都有不同的使用方法，只有在充分熟悉使用方法的前提之下，才能将活动材料的价值发挥到最大。活动前，教师应用适宜的方式让婴幼儿了解活动材料的使用方法；活动中，应注意观察婴幼儿使用是否正确，如发现不合理的使用则给予一些帮助；活动后，将活动材料放回原处，并检查记录活动材料的使用情况。

（3）特殊区域的重视

在室外活动时，教师很难照顾到所有婴幼儿，一些婴幼儿往往趁老师不注意，走到高危险区域玩耍，如楼梯口、水池旁、配电间等特殊区域。由于婴幼儿安全意识缺乏，且有些特殊区域没有警示牌，以致安全事故发生。重视这些特殊区域也是安全管理工作的一部分。除了要充分了解室内及室外安全管理的内容，我们还需掌握一定的室内及室外环境安全的具体操作要点，有助于我们更好地实践。

3. 室内室外环境安全的操作要点

表8-1　室内与室外环境安全的操作要点

序号	类型	安全管理的操作要点
1	室内环境	（1）环境创设时，保证门把手、插座等危险设施安置在安全距离内；墙壁、门缝、桌脚等用泡沫包裹；剪刀、美工刀等采用安全设计，用完后及时收好
		（2）保育室、教室或办公室应及时上锁，防止婴幼儿随意进入；危险物品，如火柴、打火机、饭桶等，放置幼儿无法接触的地方，以防婴幼儿误食或误拿
		（3）随时保持地面干燥，在婴幼儿饮水处无积水防止婴幼儿滑倒
		（4）定期检查室内设施是否存在安全隐患，如出现水管漏水裂缝、门窗破损、吊灯松动等问题要及时报修
2	室外环境	（1）根据人数和活动内容选择大小合适的场地；保证场地平整，无障碍物或积水，且远离停车场、水池等危险地带，以免酿成事故
		（2）活动前检查运动器械是否安全牢固，如发现歪倒、生锈、螺丝松动、木头腐烂等问题，请专业人员进行维修或选择其他较安全的活动方式；大型器械采取保护性措施，如在滑梯的地面四周铺设海绵拼图等
		（3）容易发生安全事故的地方设置警示牌或小贴士，如在厨房门口设置禁止婴幼儿入内的警示牌，在楼梯口贴上靠右行的标志

二、意外伤害事故危机管理

（一）意外伤害事故类型

意外伤害，是指突然发生的对人体所造成损伤的各种事件。早教机构意外伤害事故，主要指婴幼儿在早教机构中以及在离园组织的集体活动中突发人身伤害事故。婴幼儿在园期间发生事故的类型较广，一是频率较高的安全事故有同伴咬伤、打伤、摔伤、烫伤、烧伤等；二是食物中毒、药品中毒、破损玩具致伤、拥挤、交通事故、溺水等。根据事故的起因，早教机构意外伤害事故可大致分为自然原因、人为原因、制度原因，详情如下表。

表8-2 自然原因引发的安全事故

序号	原因类型	事故描述
1	自然灾害	自然灾害往往是人力无法控制的，如地震、暴雨、洪水、台风、雷击等，不仅会给早教机构带来严重的损失，还会直接威胁到婴幼儿的生命安全
2	自然环境中的不安全因素	一些早教机构临近交通不畅，结构设置不合理，出入口的车辆较多，位置比较偏僻等这些环境中潜在的危险都会危及婴幼儿的安全

表8-3 人为原因引发的安全事故

序号	原因类型	事故描述
1	保教人员	一些安全事故是由于保教人员工作失职造成的，如大型活动中组织不当、疏忽大意，导致幼儿伤亡。还有一些是教师或员工自身存在过失行为，如经常性的恐吓、体罚或变相体罚、猥亵幼儿等，也会给婴幼儿身心造成严重的创伤。
2	婴幼儿	婴幼儿由于身心发育不成熟，缺乏安全和规则意识，在活动当中常和同伴拥挤打闹、接触危险物品、模仿危险动作等，很容易碰伤、打伤或摔伤。
3	家长	家长对婴幼儿监管不严，可能引发安全事故。此外，家长不配合早教机构的工作，和教师缺乏沟通，更换电话号码未及时告知老师等，也会给意外事故的处理造成一定的阻碍

表8-4 制度原因引发的安全事故

序号	事故原因	事故描述
1	为节省开支，降低安全标准	一些早教中心为节省开支，购买不合格的运动器械、玩具或不新鲜的食品等，往往会引发诸如车祸、食物中毒、人身伤害的安全事故
2	缺乏安全防范意识	一些早教机构在环境创设的过程中缺乏防范意识，对可能存在的危险估计不足，如楼房设计不合理，插座、门把手等位置不恰当，地面过于光滑或不平整等，因而导致幼儿被砸伤、撞伤或摔伤
3	缺乏有效的安全管理制度	一些早教机构没有严格按照要求定期举行安全演习以及制定完备的应急预案，缺乏相应的危机管理制度和应急措施，导致发生意外时救治不及时

（二）意外伤害事故的预防及处理

意外伤害事故的起因有很多，除了自然灾害等不可控因素外，教师、保育员、家长、婴幼儿等任何一方的疏忽大意都有可能引发危机，因此，危机的预防和处理并不只是教师的事情，危机管理有赖于各方的努力。作为教师不仅要明确哪些事情是自己无法控制的，哪些事情是自己可以做到的，要履行自己的安全职责，做好危机管理工作，在力所能及的范围内保证婴幼儿的安全。

1. 危机预防

危机预防是危机管理的首要阶段，也是危机管理的关键所在，它极大程度上化解了早教机构存在的各种隐患，是早教机构强有力的保护屏障。危机预防包括安全演练和安全教育。

（1）安全演练

安全演练是针对一些自然灾害，如地震、火灾、洪水、台风等进行演练。虽然自然灾害是人无法控制的，但可以在平时开设相关的教学活动，通过视频、图片等相关媒介让婴幼儿对其有一个初步的了解，并且定时组织有效的安全演练，帮助婴幼儿提高相关的安全防范意识，以便教师能更好地应对、处理突发状况。

（2）安全教育

在维护婴幼儿安全的过程中，消除隐患并不能完全保证婴幼儿的安全，教师也不可能时时刻刻都紧盯婴幼儿，婴幼儿自身也需要有安全防范意识。因此，教师要重视安全教育，创设机会让婴幼儿了解学习安全防范相关知识及技能。如组织安全教育绘本活动，安排安全模拟演练小活动，组织亲子家园交流会等。通过一系列安全教育活动，提高婴幼儿的自身安全意识，进一步保证婴幼儿的身心安全。

2. 危机处理

善于观察婴幼儿一日生活的各个环节，及时排除安全隐患或潜在的安全隐患，做好准备和预防工作，都有利于降低危险发生的概率。除此之外，教师面对危机时，做好危机应对与善后处理也是非常必要的，这就需要教师有相应的危机处理制度及应对策略。

一是建立危机处理制度。建立危机处理制度一方面可以让教师和家长明确各自的职责，避免出现互相推脱责任的情况，另一方面也可以提高危机处理的效率，保证急救工作有序进行。二是要遵循危机处理的原则。第一，快速反应原则。安全事故发生之后，教师一定要冷静迅速地作出判断，立即采取措施进行处理。第二，以人为本原则。不管发生什么情况，教师要坚持以人为本的原则，时刻关注婴幼儿的健康状况和情绪，并做到及时安抚。第三，真诚沟通原则。真诚沟通是处理危机的基本原则之一，事故发生之后，教师要及时地将消息如实告知家长，且学会换位思考，及时与家长交流沟通，和家长一同商量解决的办法，渡过难关。第四，承担责任原则。在早教机构内，婴幼儿不论发生什么样危机事故，教师都应该主动去承认自己监管不力，勇于承认自己的失职，不要一味地推卸责任。

三、连锁早教机构品牌推广管理

品牌知名度是连锁早教机构的一张名片，品牌的知名度越高，越被人熟知及信任。品牌宣传及品牌推广是连锁早教机构应重视的问题，也是其发展壮大的途径之一。在品牌推广管理中，应考虑加盟条件的设置标准以及品牌推广的渠道。

（一）连锁早教机构加盟条件的设置

教育连锁加盟是为了扩大连锁早教机构规模，获取更多优秀的资源，实现资源共享，形成规模效益，从而扩大品牌知名度，使其获得更好的发展。每一个行业都有标准，早教机构也不例外，只有符合加盟条件的企业才有机会加盟。

连锁早教机构加盟条件的设置要考虑以下几个方面：第一，核心教育理念相同，在核心理念的支撑下，不同企业之间的企业理念不断融合，为了同一个目标共同努力；第二，加盟企业综合实力较强，有一定的企业创造力，这样才能激发出更多的发展潜力；第三，加盟企业有自身的优势，独特的自身价值能让企业走得更远更长久。

（二）品牌推广的渠道

品牌推广不单单是口号，积极付诸实践才能把品牌打响。品牌推广渠道要多样化，避免单一渠道，多样化的推广渠道可以用更少的资源获得更大的效益。品牌推广渠道主要分为线上推广和线下推广。线上推广包括微信公众号、微信转发、淘宝、贴吧等。如可以创建一个微信公众号，每天定时推送一些连锁早教机构的免费课程，可以让家长先体验，获取家长的信任。线下推广主要是地推、报刊、赞助商冠名、纸质传单、灯牌、广告牌等。如可以打印一些传单，在游乐园或学校门口发放给特定人群，这也是品牌推广的一个方式。单纯靠线上推广或线下推广效果都大打折扣，只有将两种推广渠道结合起来，才能更好地把品牌打响。

（三）品牌维护的方式

除了品牌的推广，连锁早教机构品牌的维护逐渐成为企业竞争制胜、打响知名度的关键因素。消费者越来越看重品牌价值，对品牌的认知越来越强，品牌形象的维护也有助于品牌的推广与管理。

1. 树立正确的品牌观念

品牌形象能体现连锁早教机构的综合素质和文化底蕴，品牌观念是引导连锁早教机构向上发展的支撑力量，因此，连锁早教机构需要树立正确的品牌观念。正确的品牌观念从以下几个方面体现：第一，品牌观念是在社会主义核心价值观引领之下树立的，具有社会正能量，积极向上的；第二，有着共同的育人目标；第三，能为大众所理解，所接受的，我们的最终目标是服务于大众。

2. 不断提升教师专业化水平及教学质量

教师作为连锁早教机构的实行者，是与消费者接触最多的人，也是最能理解消费者需求的人。教师的专业化水平直接体现了早教机构的整体教学质量，是构成品牌影响力的最基本的要素，教师专业化与教学质量紧密联系，可以从职前培养、职后培训两方面进行。

四、连锁早教机构教师管理

连锁早教机构的教师是一支庞大的队伍，优秀的教师队伍需要一定的培养模式与管理方式，对教师的管理直接关系着教育质量，教育质量又影响着其整体发展水平和发展速度。因此，必须重视教师管理，可以从建立入职考核制度及多元评价体系，组织培训活动等方面进行。

（一）建立入职考核制度

入职考核是每一位新教师都需要经历的过程，根据自身发展的特点，入职考核标准不尽相同。连锁早教机构根据自身的发展特点，需建立入职考核制度，从入职门槛这一方面对教师进行管理。入职考核制度涵盖多个维度，包括考察教师专业素养、职业理念、职业规划等。入职考核制度的制定一定程度上保证了师资的整体水平，通过对教师的管理从而提升教学质量。

（二）建立多元教学评价体系

教学评价具有引导、激励、提升等教育功能，根据一定的标准，对教师教学进行判断，能够提升教师的教学质量，也是教师管理的途径之一。教学评价并不是无源之水，而是从不同的维度对教师教学进行多角度的判断，因此，需建立多元教学评价体系。如采取线上投票或线下投票、定期园内教师匿名互评、家长匿名评价等，从多个角度对其进行评价，让教师充分了解自身不足，及时反思，提升自身专业素养，从而提高教师整体水平。

（三）组织培训活动

教师的管理不仅仅是制定教师行为规范，更多的是提升教师的自我认知感及自我效能感，帮助老师获得更多的职业认同感，热爱自己所从事的教育事业。组织培训活动能让教师更清楚地知道教师这个职业的性质以及自己的职责。培训活动有多种类型，如园本培训、相关教学讲座、微格课程等。通过多元的培训活动，不仅能培养高质量的教师队伍，也有利于教师管理工作的进行。

第三节

连锁早教机构质量管理

内蒙古H市的王先生了解到国家的托育政策后，想要投资一家早教机构。他接触到业内的朋友认为加盟连锁早教机构可能会是一个不错的选择。理由是，连锁早教机构可以理解为一种教育加盟，是早教领域中实现知识共享的一种重要形式。因此，连锁早教机构一般都会有成型的课程体系，是更高的教育质量和品质的代名词。

思考：对于连锁早教机构就意味着高质量的观点你认同吗？你是怎么评价连锁早教机构的质量的？如何才能促进连锁早教机构质量的可持续发展？

一、连锁经营的发展历程

连锁经营最早起源于1859年近代工商业发达的美国，主要是以商品零售业为主，其目的在于扩大工商业的生产。之后扩展到了服务业、餐饮业，互联网的应用与发展使得连锁产业在全世界范围内运营并呈现出了多元化的趋势。经过100多年的探索，连锁经营由于各个国家的政治体制、经济体制的不同，在管理学和经济学上并没有一个明确的解释。对于我国来说，连锁经营更是一个新兴的产业体系。国际连锁加盟协会将连锁经营定义为：连锁总公司与加盟店之间的持续性的契约关系，根据契约总公司必须提供一项独特的商业产权，并加上人员训练、组织结构、经营管理，以及商品供销的协助，而加盟应付出相应的报偿；1997年，我国国内贸易部门要求连锁店是使用同一商号的若干门店，门店必须经营同一产品，总部授予某种特权，并且是能够达到规模效益的经营组织。在关于连锁经营的文献中，有一部分是关于特许的经营，这种模式最早是起源于美国的茶叶公司，之后受到同行以及其他产业的效仿。这也引起了国内外学者的关注。

我国的连锁经营起源于20世纪90年代，在以后的10年间发展特别迅速。郭戈平在《连锁经营发展现状与发展势态》中，从阶段、地区、业态、所有制、连锁形式等方面分析连锁经营的初步发展趋势的商品零售业在各个方面处于领先地位。纵观连锁经营的文献，对商品零售业、服务业的讨论比较多，但也出现了教育业连锁经营的文献。文丽在《论教育连锁经营模式》一文中对我国连锁经营的模式进行了分类并做出了解释。目前，国内外教育连锁现象比较受欢迎的有：一是教育连锁经营者在幼儿教育发现了机遇；二是外语培训势头比较猛；三是职业教育具有一定的发展优势；四是外国教育机构以品牌的优势占领了国内的市场。

二、连锁早教机构的模式

连锁早教机构主要针对的是0~3岁的婴幼儿。针对目前市场上早期教育机构的调查，发现主要有以下几种类型：

综合型早教机构我们想到的有金宝贝、红黄蓝、赢在起点等。这类机构主要受教人群为0~3岁婴幼儿及其父母，开设的课程大致有语言类、思维类、艺术类以及亲子类等。主要是为婴幼儿进入幼儿园做准备，每班的人数不超过8对。

艺术类早教机构典型的代表有创艺宝贝、运动宝贝等。顾名思义艺术类早教机构主要是培养婴幼儿的艺术能力。此类早教机构开设的课程以音乐、舞蹈、美术、手工、乐器、运动为主，此类早教机构的老师专业技能比较强。

语言类早教机构比较出名的有新东方等。家长选择语言类的早教机构是为婴幼儿的成长提供一个环境，并且认为英语是未来就业必备的能力。

三、连锁早教机构质量管理的概念

质量是指反映物品满足显性与隐性需要的能力的特性的综合。质量管理是指确定质量方针、目标和职责，并通过质量体系中的管理策划、质量控制、质量保证和质量改进来使其实现所有管理职能的全部活动。ISO8402-1994对质量管理定义为：确定质量方针、目标和职责，并在质量体系中通过诸如质量控制、质量策划、质量改进，是其实施的全部管理职能的所有活动。该定义解释如下：

1. 质量管理是管理中的一个重要环节，主要负责质量方针的制定与执行。

2. 质量管理的责任由机构的最高管理者承担，不得推卸责任。

3. 质量关乎一个机构的可持续发展，需要机构内的成员共同参与，共同承担责任与义务。

4. 质量管理通常包括制定质量方针和质量目标以及质量策划、质量控制、质量保证和质量改进等活动。

5. 质量管理需要考虑经济因素，也就是最终的经济效益。

因此，我们可以将质量管理理解为：质量管理是为了实现质量目标而进行的所有管理性质的活动。

四、连锁早教机构质量评价的要素

（一）二元论

对于连锁早教机构质量评价主要从结构质量和过程质量这两个方面进行。结构性要素主要包括师幼比例、班级规模、教师经验、园所设备等在内的具体的、规范的、可控制的变量，这些变量是国家可以参与的、相对比较容易进行量化和客观评价的。过程质量包括师幼互动、同伴互动、家园共育、教育互动等。这些方面与儿童的学习和生活有密切的联系，难以进行量化。

（二）三要素论

格里赛和马克尔提出，教育质量是由教育资源的投入、教育实践的质量、教育成果的支出三个维度组成。刘霞 (2004) 认为早期教育机构教育质量评价包括条件质量、过程质量、结果质量三个部分。条件质量与结构质量类似，是可以进行评价的。过程质量是教育质量的核心要点。结果质量是指儿童发展的结果，受老师教育行为的影响。

（三）四维度论

谢里丹是四维度论的代表者，他认为四维度主要是指社会、儿童、教师、学习情境四个方面相互构成。德国托育机构质量评价就是根据取向质量、结构质量、过程质量、家庭关系的质量四个方面进行的。

五、连锁早教机构质量的重要性以及存在的问题

20 世纪以来，教育机构质量的重要性已经成为研究的热点话题。许多西方国家已经将早期教育机构质量作为教育政策研究的中心。研究发现高质量的早期教育对促进婴幼儿的认知、情感、社会性具有重要的作用，尤其对处境不利的儿童有利。大量关于学前教育的实验证明高质量的早期教育能够为社会带来高的投资回报率。研究表明早期学前教育能够培养婴幼儿的学习态度和品质。高质量的学前教育能够为婴幼儿进入幼儿园以及日后的学习做准备。上述研究都表明了早期教育机构质量的重要性，对婴幼儿的发展具有促进作用。连锁早教机构存在的问题主要是质量的问题。虽然我国的教育质量管理经历了从无到有的过程，但在发展的过程中仍然存在一些漏洞。

（一）核心概念不清楚

教育质量管理是任何一个教育阶段必须重视的问题。教育质量管理概念的模糊性，让人们很难形成一个统一的标准，从而造成误差。比如一些早教机构只注重婴幼儿的安全教育，却忽视了其他教育的发展，所以导致全面素质教育很难实施。可见，认知的差异对于教育质量管理的提升具有很大的挑战性。

那么，教育质量管理真正的核心是什么？说到底，教育是培养人的一种活动。《教育大辞典》中解释“教育质量是对教育水平高低和教育效果优劣的评价”“最终体现在培养对象上”。教育质量本质上是为了促进学生的全面发展。所以教育质量管理的一切都应该围绕学生进行，离开学生去谈发展是没有意义。

（二）目标定位不准确

教育质量管理想要实现精准的定位则需要明确的目标。目标定位准确有

利于教育质量管理对象更好地发展。教育质量管理把促进学生的全面发展作为目标显然是没有问题的，但如果教育质量管理把目标放在物而不是人身上，就缺失了人文关怀，也就很难实现教育管理目标。比如一些早教机构只注重环境创设却忽视婴幼儿的身心发展特点，违背了教育质量的核心，也就很难实现目标。所以，目标定位的误差，必然会带来教育的错位，导致素质教育成为空想。

（三）政府管理与引导不规范

从目前我国早教市场的运营情况来看，我国早教市场责任不明确、管理制度不严格。于是出现了早教市场上的师资力量薄弱、收费不合理以及课程体系混乱等情况。一个行业的蓬勃发展离不开政府的支持与引导，单靠笼统的文件是难以实施的。少数早教机构会根据自己的具体情况制定相关的政策，但是大多数早教机构处于无政策的情况。因此，早教机构的质量难以得到保障。

（四）早教机构内部机制欠缺

造成教育质量不高的原因主要有以下几个方面：首先是课程设置不合理，一些早教机构没有考虑自己的本土文化，照抄国外的一些课程理念，华而不实。还有一些早教机构并没有考虑婴幼儿的身心发展特点，只是为了满足家长的需要，随意设置一些课程，没有保证课程的科学性，致使婴幼儿的启蒙教育质量无法得到保障。其次，早教机构市场的收费昂贵，一般情况下会根据课时进行收费，一线城市一节课的收费在 300 元左右。二三线城市的收费在 120~200 元，一个课时为 45~60 分钟。高昂的课时费使普通家庭难以承担。最后，早教机构教师的师资鱼龙混杂，缺乏很好的监督机制。早教机构中的教师并不是所有人都拥有相关的证书，也没有经过专业的、系统的学习。只是经过短暂的培训即可上岗，没有达到教师的专业素养，致使教学质量难以保证。

（五）家园合作联系不够

家园合作对于婴幼儿的成长具有重要的作用，而家长对于婴幼儿的成长又具有决定性的作用，但早教机构并没有很好地做到家园合作。目前大多数早教机构忽视家长的教育作用，或者流于形式，对家庭指导意识严重缺乏。

（六）创新能力缺乏

一个高素质的早教机构人员需要具备教育学、心理学、卫生学等知识。目前我国国内的早教理论大多从国外引入，没有经过本土化的实践。另外，一些早教机构教师素养不高，照搬照抄一些相关早教课程，与我国婴幼儿的发展特点不符，严重影响了我国早教事业的发展。面对这一现状，我国的早教事业并没有积极地进行创新，而是故步自封，停留在原地。

六、连锁早教机构质量管理方法

“质量”是取胜的关键，对于任何一个职业亦是如此。为了能够使早教机构获得可持续性发展，满足家长和市场发展的需要，我们需要对质量进行严格的把控和监督。

（一）坚持办学理念，依法办学

1. 健全连锁机构的学校制度

为了使早教机构的管理更加方便，应该成立教师、家长、行政人员、后勤管理人员组成的委员会，定期召开工作会议。让多方力量参与到早教机构中，为早教机构的发展建言献策。此外，也能够向社会争取一些资源，实现社会与机构的资源共享。

2. 健全连锁机构的规章制度

随着社会的不断发展与进步，连锁机构的制度也需要健全与完善。比如规范教育教学制度、一日生活管理制度、安全管理制度等。制度的执行需要强有力的执行力，早教机构应该树立科学的管理理念，从由需要外部手段来监督执行到发自内心自觉执行过渡。

3. 坚持每日检查制度

为了给婴幼儿提供一个安全的成长环境，早教机构应每日进行检查制度。检查教师的出勤、卫生的合格情况、设施是否存在安全隐患、教师的教学情况等，之后进行记录并在每周的会议上进行分享，提高教师的教学积极性。

（二）合理安排一日生活

1. 保证婴幼儿的户外活动时间

《托育机构管理规范（试行）》中规定应当保证婴幼儿每日户外活动不少于 2 小时。婴幼儿在进行户外活动时要安排好活动的转换环节，减少消极等待。教师也可以鼓励婴幼儿与同伴自由进行活动，培养婴幼儿的同伴交往能力。

2. 培养婴幼儿的自我保护意识

安全事故的频发，需要婴幼儿提高自我保护意识。为了提高婴幼儿的自我保护能力，首先，教师与家长需要建立一致的理念，加强家园合作；其次，教师在教学活动中教给婴幼儿一些自我保护小技巧；最后，早教机构可以开展安全演习活动，提升安全意识。

（三）开展园本教研、加强教学质量

1. 提升教师的专业化素养

为了使教师能够对婴幼儿教育有更好的理解，应进行职前培训和入职后培训。职前组织教师学习相关的文件、法律，对早期教育能够有一定的了解。入职后可以邀请一些有经验的教师进行相互交流，共同学习，共同进步。

2. 开展教研活动

早教机构应根据本机构的实际情况开展教研活动，更好地提升教学品质。针对每一次的教研活动，要做好方案准备工作，使教研工作顺利地进行。教研活动结束后进行小结，不断进行总结，保证教研活动的质量。

七、连锁早教机构质量管理的途径

（一）加强连锁机构的质量管理，提升品牌的知名度

早教机构统一管理对于质量的提升具有重要的作用。家长之所以选择连锁早教机构，是因为连锁经营已经形成一个体系，它有统一的教材、课程体系、收费标准，并且对教师的培训也会统一。对于品牌意识的建立，不仅要对外进行宣传，而且要在机构内部进行培养。可以说一定程度上，家长选择早教机构教师的言行规范也占有重要的成分。为了能够加强质量管理，提升品牌的知名度。首先，早教机构在进行教师的聘任上应进行职前培训，加强对品牌的认可程度。其次，早教机构应进行大力的宣传，对于加盟方进行宣传指导。再次，对于一些管理不善的、损坏其品牌形象的应与其终止关系。最后，要规范行业标准，规范行业内部标准，使用统一的管理体系。

ISO9000
质量管理体系

（二）运用新型科技，顺应时代发展的潮流

网络、通信技术的发展使得信息传递不再成为一种阻碍，而是一种共有的资源。对于连锁早教机构就应运用新型的科技方法，早教机构应该关注网络平台信息，这样获取的消息更加及时。利用科技强化其教学与管理。早教机构可以采购一些先进的教学仪器和设备结合传统方式进行管理，达到多元化的效果。

（三）政府加强干预，推进可持续发展

教育是一个政策主导性很强的产业。政策是双向的，政策的制定，是国家对行业的一个指导与管理。而早教机构的运营与管理也需要政策来制定具体法人方针和决策。为了使连锁早教机构能够可持续发展，早期教育需要制定行业规范与标准。同时政府加强干预，给予一定的优惠政策，比如减少税收等。

本章回顾

本章主要以连锁早教机构的运营管理为核心。对连锁早教机构的经营历程进行了详细的概述，并且从环境、意外事故、品牌推广、教师几个方面对连锁早教机构的管理进行了阐述。最后，对连锁早教机构的质量管理提出了要求，为连锁早教机构的可持续发展提供了有力的保障。

思考与训练

1. 连锁早教机构的管理要求包括哪些方面?

2. 连锁早教机构的模式有哪几种？对你身边的一家连锁早教机构进行调查，并说明属于那种模式?

实操实训

1. 为班级内的婴幼儿制定安全管理图，并进行一周的分析。

学习活动：深耕早教连锁机构

2. 设计一项意外伤害事故的应急处理方案，并做一次提升婴幼儿自我保护意识的活动。

3. 婴幼儿自我意识的培养。提升婴幼儿自我保护的意识与能力，促进婴幼儿身心健康发展。让婴幼儿认识身体的各部位，并学会自我保护。

准备身体各部位的照片，教婴幼儿认识身体各部位，并教会其保护措施。

拓展活动：请婴幼儿观看情景剧“保护身体”。

推荐阅读

1. 段云波 . 蒙特梭利双语幼儿园的运营与管理［M］. 北京：中国海洋大学出版社，2004.

2. 朱泽宇 . 基于 CIS 策略的长沙市幼儿园户外景观设计——以“金巧思”连锁幼儿园为例［D］. 长沙：湖南农业大学，2016.

3. 涂冠妃 . 连锁幼儿教育机构经营管理现状及对策［D］. 上海：华东师范大学，2014.

4. 但菲，侯雨彤 . 对现实诉求的主动应答：公办优质幼儿园连锁办园模式探析［J］. 教育导刊 (下半月)，2013（2）.

5. 吴玲，丁婧 . 幼儿园连锁经营的优势及其发挥［J］. 家庭与家教 (现代幼教)，2009（C1）.

6. 司晓宏，王继红 . 教育连锁现象的观察与思考［J］. 学术界，2006（1）.

主要参考文献

[1] 温泉 . 如何开家早教机构 [M] . 北京：化学工业出版社，2016.

[2] 王春燕 . 幼儿园课程概论（第 2 版）[M] . 北京：高等教育出版社，2014.

[3] 刘云艳 . 幼儿园组织与管理 [M] . 北京：中央广播电视大学出版社，2012.

[4] 文红欣，幼儿园组织与管理 [M] . 北京：教育科学出版社，2012.

[5] 朱文珺 . 三岁看大，七岁看老 [M] . 延吉：延边大学出版社，2012.

[6] 万迪人，谢庆 .0~3 岁婴幼儿早期教育事业发展与管理 [M] . 上海：复旦大学出版社，2011.

[7] 张燕 . 学前教育管理学（第二版）[M] . 北京：北京师范大学出版社，2009.

[8] 蔡华，周先莉 . 幼儿园管理 [M] . 长春：东北师范大学出版社，2009.

[9] 陈孝彬，高洪源等 . 教育管理学（第三版）[M] . 北京：北京师范大学出版社 .2008.

[10] [美] 科里克 . 托幼机构管理 [M] . 韦小冰，等译 . 北京：北京师范大学出版社，2007.

[11] 吴志宏 . 教育管理学 [M] . 北京：人民教育出版社，2006.

[12] 江琴平，江旭红 . 教育人事管理 [M] . 杭州：浙江大学出版社，2006.

[13] 段云波 . 蒙特梭利双语幼儿园的运营与管理 [M] . 北京：中国海洋大学出版社，2004.

[14] [德] 卡尔・威特 . 卡尔・威特的教育 [M] . 刘恒新，译 . 北京：京华出版社，2003.

[15] 萧启宏 . 从人字说起 [M] . 北京：东方出版社，1999.

[16] [美] 罗尔德・F. 坎贝尔，等 . 现代美国教育管理 [M] . 袁锐锷，译 . 广州：广东高等教育出版社，1989.

[17] 陈欢 . 英格兰政府干预早期保教市场的历史研究（1948-2018）[D] . 长春：东北师范大学，2019.

[18] 翟宁 . 社会照顾理论视角下中国的早期儿童照顾模式研究 [D] . 长春：吉林大学，2019.

[19] 张鸿宇 . 美国早期教育质量认证发展研究（1982-2010）[D] . 长

春：东北师范大学，2017.

[20] 朱泽宇．基于 CIS 策略的长沙市幼儿园户外景观设计——以“金巧思”连锁幼儿园为例［D］．长沙：湖南农业大学，2016.

[21] 吴姗珊．长沙市星城幼儿园连锁经营模式研究［D］．南昌：南昌大学，2015.

[22] 涂冠妃．连锁幼儿教育机构经营管理现状及对策［D］．上海：华东师范大学，2014.

[23] 文丽．论教育连锁经营模式［D］．长沙：湖南大学，2012.

[24] 谭小超．试论学校教育品牌的视觉形象设计［D］．上海：东华大学，2010.

[25] 刘立民 .6S 管理在生产企业中的应用研究［D］．北京：首都经济贸易大学，2008.

[26] 熊连勇．连锁经营的营销优势及在我国的实践［D］．成都：四川师范大学 .2006.

[27] 邬玉花．幼儿园安全管理在建立平安校园中的作用［J］．才智，2020(7).

[28] 刘晓东．儿童本位：从现代教育的原则到理想社会的生成［J］．全球教育展望，2014（5）.

[29] 官群，姚茹，Richard Wagner，孟万金．中国《0~3 岁儿童学习与发展指南》研发报告［J］．中国特殊教育，2018（5）.

[30] 薛少一．改进普通高校课堂教学质量评价体系的若干思考［J］．中国成人教育，2017(12).

[31] 张安然，王默．“人事代理”：一种非在编幼儿园教师人事管理的新模式［J］．教师教育研究，2015（4）.

[32] 但菲，侯雨彤．对现实诉求的主动应答：公办优质幼儿园连锁办园模式探析［J］．教育导刊（下半月），2013（2）.

[33] 吴玲，丁婧．幼儿园连锁经营的优势及其发挥［J］．家庭与家教（现代幼教），2009(C1).

[34] 赵娜，秦金亮．幼儿教师职业生涯周期的职业倦怠研究［J］．教师教育研究，2007（3）.

[35] 司晓宏，王继红．教育连锁现象的观察与思考［J］．学术界，2006（1）.